Das Bild, das sich der Durchschnittsdeutsche von den Syltern macht, bedarf endlich einer gründlichen Revision. Der typische Bewohner des Elite-Eilandes, eine Mischung aus Saddam Hussein und Bill Gates, stopft sich im Winter mit getrüffeltem Grünkohl voll und arbeitet im Sommer als Schutzgeldeintreiber der Kurverwaltung. Nebenbei vermietet er noch einige Ferienappartements der Kategorie „Duschbett mit Wohnklo." Sein Auto ist ein „Off-Roader" mit Kangaroo-Fänger und Satelliten-Navigation, damit er im Bermudadreieck zwischen Westerland, Keitum und Kampen nicht die Orientierung verliert.

Wenn **Manfred Degen** im Sommer seine Sarkasmen abliefert, sind die Sylter Theatersäle ausverkauft und die Karten werden schwarzgehandelt.

In seinem vorliegenden Buch „Appartement frei" liefert Degen entsetzensgepflasterte Schilderungen von der Vermieterfront und beweist nachhaltig, daß das Geld nicht auf der Straße liegt: Erst einmal muß der Gast gründlich und fachgerecht ausgeplündert werden.

Kim Schmidt, aufstrebender Comiczeichner aus Flensburg, hat den krausen Charakteren der Degenschen Geschichten das Profil geschärft. Dem jungen Zeichner eilt der Ruf voraus, das Leben, Machen und Tun der Menschen in der norddeutschen Küstenebene mit brachialer Sensibilität darstellen zu können. Seine Philosophie: Gebt auch den gesellschaftlichen Randgruppen eine Chance! Die Sylter werden es ihm danken.

Appartement frei!

Freche Satiren

aus der Freien Republik Sylt

von Manfred Degen

mit einem Vorwort
von Werner Langmaack
und Zeichnungen von
Kim Schmidt

Verlag Sylter Spiegel 1998

3. Auflage 2001

© 1998 Manfred Degen
APPARTEMENT FREI
Verlag Sylter Spiegel, 25980 Westerland
Illustrationen: Kim Schmidt
Entwurf und Gestaltung:
Gesamtherstellung: Breklumer Druckerei Manfred Siegel KG
Printed in Germany – August 1998
ISBN 3-9803736-2-2

Inhalt

Das Elend des Eilands

Ein Vorwort von Werner Langmaack

Griesgrämige, nordfriesische Mummelgreise brüsten sich vor Nachfahren gern mit ihren ausgetüftelten Überlebensstrategien in den „schlimmen Jahren", brabbeln was vom „Iwan" und vom Hunger nach dem „verlorenen Krieg", damals, als es „nichts gab". Vor allem aber: Damals, als sich kaum jemand in Deutschland einen mehrwöchigen Urlaub an der Nordsee leisten konnte. Oohja, das waren entbehrungsreiche Zeiten für Sylts Grundeigentümer und Vermieter.

Heute, mehr als ein halbes Jahrhundert danach, scheint das Elend von damals zurückzukehren. Jedermann auf der Insel kann es erschnuppern: Es riecht förmlich nach Mangel, nach Durst, nach Entzug. Die Indikatoren sind vielfältig, die Beispiele ohne Zahl. Einige, wenige seien hier zum Beweise angeführt.

Nirgendwo in Deutschland dürfte etwa der tägliche Ansturm auf die regionale Aldi-Filiale derart zügellos und zänkisch vonstatten gehen wie im Tinnumer Gewerbegebiet. Das Alarmierendste daran: Viele, ja, die meisten fahren in Edelkarossen vor. Ob die schon verpfändet sind? Oder vielleicht gar nicht erst bezahlt? Jedenfalls beweist uns dieser alltägliche Autokorso zum billigen Jakob, daß der Virus der Existenzangst bereits in den „besten Kreisen" wütet.

Andere Symptome gefällig? Bitteschön: Die Friedrichstraße galt einst als Edelmeile der exquisitesten Geschäfte, in deren Auslagen die Waren keinerlei preislicher Auszeichnung bedurften. Wen interessierte es schon, was das Collier, was der Pelz, was das Hummerfilet kostete? Wer danach fragte, wurde mit abschätzigsten Blicken aus dem Laden komplimentiert und draußen von der Bürgerwehr in Empfang genommen. Solche Personen wurden binnen

24 Stunden aufs Festland abgeschoben, mochte die Liga für Menschenrechte noch so lautstark protestieren. Sollten diese Pfennigfuchser doch im Schwarzwald kuren oder am Schwarzen Meer oder auf Mallorca.

Heute tun sie Letzteres und auf dem ehemaligen Westerländer Prachtboulevard stehen den Passanten Dutzende von Klamottenständern im Weg, reihen sich Pommesbuden an Wannen voller Billigwein und Schütten voller Bücher mit Eselsohren. Nur noch Remittenden, Ramsch und roter Fusel.

Das reicht noch nicht? Sie glauben unverdrossen, Sylt sei ein Reservat der Wohlhabenden, der Schönen und Sorglosen? Ja, sehen Sie denn die Menetekel nicht?! Der Immobilienmarkt infarktet, die Verkaufskurse für Appartements stürzen in den Keller und die Übernachtungspreise tun es ihnen gleich.

Selbst auf dem Kultursektor greift sich der Verfall um sich. Zum Beispiel im „Meerkabarett": 1994 entstanden, spielte sich dort lange Zeit ein Erfolgsmärchen ab. Anerkennung und Auslastung stiegen Jahr um Jahr, die Besucherzahlen bescherten dem Betreiber, einem Mann namens Matthias Kraemer, nichts als Gewinne, Gewinne, Gewinne. Ein Goldeselsunternehmen, so hatte es den Anschein, wie ehedem die Buden des Fast-Fish-Fürsten Gosch. Aber als der sich aus Sorge um Arbeitsplätze genötigt sah, dem Fiskus ein paar hunderttausend Mark zu verschweigen, wurde der gebeutelte Matjes-Monarch der grenzenlosen Habgier geziehen. Welch ein Unrecht!

Steuertricks waren und sind Zeltinhaber Kraemer, einem Kaufmann hanseatisch-honorigen Geblüts, zutiefst zuwider. Doch alles und alle schienen sich gegen ihn verschworen zu haben. Durch Sperrfeuer eifersüchtiger Kommunalpolitiker schwermütig geworden, durch unverschämte Gagenforderungen mancher Stars und hinterhältige Kommentare unbotmäßiger Journalisten in die Enge getrieben, packte den Impresario die Verzweiflung. Er begann, seinen Kleinkunstverhau klammheimlich umzuwidmen. Von der Öffentlichkeit kaum bemerkt, hielt er plötzlich artfremde, teils geschlossene Veranstaltungen ab: Lehrlingsbälle, konspirative Treffen des Südschläfrigen Wählerverbandes, obskure Kochwettbewerbe und sublime Rekrutenvereidigungen gingen plötzlich im Meerkabarett über die Bühne. Und als gar nichts mehr half, scheute Kraemer sich nicht, in die unterste Schublade zu greifen. Er installierte eine Großbildleinwand, projezierte darauf Fernsehübertragungen von Fußballspielen und knöpfte den Besuchern für dieses Raubprogramm Eintrittsgeld ab. Eine Frechheit? Unsinn: Eine Sparmaßnahme wider Willen, eine tapfere, von der Not diktierte Entscheidung. Doch üble Beschimpfungen waren auch Kraemers Lohn. Als „Gipfel der Unverfrorenheit" geißelten einige dieses Gebaren oder als „schamlose Geschäftemacherei" – dabei war es nichts als ein stummer Hilfeschrei.

Wahrscheinlich wäre das Zelt längst geschlossen, zusammengefaltet und abtransportiert, gäbe es nicht wenigstens einen zuverlässigen Kassenknüller: Manfred Degen, den lustigen Lokalmatadoren. Wenn sein jährliches Gastspiel am Alten Tower bevorsteht, setzen sich die Wanderdünen in Bewegung. Sylt brodelt.

Das Programm fasziniert namentlich die deutsche Frau, die regelmäßig bereits nach fünf Minuten zu juchzen und erregt auf ihrem Stühlchen herumzurutschen beginnt. Manfred Degen gilt Verhaltensforschern zudem als Bindeglied zwischen Jung und Alt, als superbe Synthese zwischen Wigald Boning und Johannes Heesters. Seine erotische Ausstrahlung übertrifft mühelos die von Heiner Lauterbach, seine Männlichkeit die von Henry Maske, um seine Rhetorik beneiden ihn Werner Hansch und Roger Willemsen.

Nun legt dieser intime Kenner Sylter Charakteristika sein viertes Buch vor. Den Erstling Ende 1991 nannte er programmatisch „Freie Republik Sylt". Die Schrift beinhaltete den kühnen Versuch, der Insel in ihren Autonomiebestrebungen ein verfassungsmäßiges Fundament zu gießen. Die Kritik war sich einig: ein ganz großer Wurf.

Im folgenden Opus „Eine Insel dreht ab", editiert anno 1994, gelang es dem Bestsellerautor, besorgniserregende, insulare Fehlentwicklungen aufzuzeigen, und zwar in der ihm eigenen, ebenso unaufdringlichen wie unmißverständlichen Art. Ein Buch, das seines aufrüttelnden Charakers wegen vom „Literarischen Quartett" totgeschwiegen wurde. Ein Medienskandal.

So griff der sich unverstanden fühlende Degen zu einem groberen Keil. Er beschwor die Apokalypse: „Der Letzte knipst den Leuchtturm aus" erschien vor gut zwei Jahren. Wer heute darin blättert, wird nicht umhinkommen, dem Schriftsteller seherische Potenz zu attestieren. Doch wie zahlreiche Propheten vor ihm, muß auch Degen damit leben, buchstäblich belächelt zu werden. Wie lange noch?

Nun legt er seine neue Fleißarbeit „Appartement frei!" vor, und er wird damit einen erneuten, öffentlichen Diskussionsorkan auslösen, so wie alle Menschen ihn bewirken, die sich nichts anderem verpflichtet fühlen als der Wahrheit.

Natürlich ist dies ein hochgradig provokanter Titel, steckt darin doch alles Elend des Eilands. „Appartement frei!", diese Formel bringt den Insulaner um den Schlaf. „Appartement frei!" ist schlechterdings das Synonym für die eingangs angesprochene Rückkehr in Armut und Bedrängnis. Ich weiß nicht, ob es gelingen wird, das Ruder in letzter Minute herumzureißen, den leck in der Brandung schaukelnden Dampfer noch einmal flottzumachen. Ich weiß nur: Manfred Degen hat unermüdlich seine Stimme erhoben und beizeiten Mißstände angeprangert. Endlich auf ihn zu hören, das ist mittlerweile eine Überlebensfrage für Sylt.

Überzeugen Sie sich selbst!

Die Kunst des Vermietens

Immer wieder muß sich der Sylter Kleinvermieter, der selbstlos dem erholungssuchenden Gast sein Nest öffnet, den Vorwurf gefallen lassen, sich dumm und dämlich zu verdienen. Seine Appartements werden mit Ölquellen verglichen, er selbst wird in einem Atemzug mit Paul Getty, Bill Gates und Dieter Bohlen genannt. Aber so ist das in unserer Neidgesellschaft. Lebst du von der Stütze, bist du 'ne Dumpfbacke, erwirbst du aber mit kleingewerblicher Vermieterei an die Badegäste mühselig die eine oder andere Mark, wirst du als Raffzahn gebrandmarkt. Und dabei ist das ein knallharter Job. Manchmal wäre ich lieber Baumwollpflücker in Louisiana...

Im Rahmen der allgemeinen Qualitätsoffensive habe ich nun meine Ferien-Appartements luxussaniert! Ich denke, für den Gast sollte uns nichts zu teuer sein und darum habe ich die Bäder mit Attrapp-Marmor gestylt, die Terrasse mit Terracotta-Imitat zugestellt und das Treppenhaus mit Trockenblumengestecken in die höchste Feuergefahrsklasse hochdekoriert. Innenarchitektonisch habe ich alles mit Ikea-Schleiflack vollgemöbelt und im Hausprospekt haben wir uns spielend von der „Zimmer-mit-fließend-Wasser"- Kreisklasse in die „Friesenstil-Landhaus"-Championsleague heraufkategorisiert!

Auch preislich habe ich im Rennen um die Gästegunst die Pole-Position eingenommen: Wer bei mir im Juli oder im August – also in der absoluten Prime-Time – unterkommen will, muß im Zuge meines neuen Kompensationsverfahrens zugleich eine Woche November buchen – ob er will oder nicht. Üblicherweise lassen meine Gäste diese Woche dann verfallen. Somit kann ich den November um schlappe 300% überbuchen. Ab und an jedoch schicken Stammgäste, die sich in der Zeit lieber auf den karibischen Inseln

aalen, ihre Oma zu uns – quasi auf Winter-Zwischenlager. Das ist dann schon ärgerlich, weil ich die Heizung im Appartement dafür auf 16 Grad hochfahren muß.

Desgleichen ist meine zweite Preisinnovation sehr erfolgreich: Anreise- und Abreisetage werden bei mir als volle Tage abgerechnet. Zum einen ist das eine deutliche Arbeitserleichterung, weil ich mit meiner latenten Kopfrechenschwäche das Multiplizieren mit dem Faktor 8 besser gebacken kriege als mit dieser krummen Primzahl 7. Außerdem habe ich jetzt die konkrete Chance, die Schallgrenze von 400 Vermiettagen pro Jahr zu durchbrechen. Ich denke auch, daß alle dafür Verständnis haben werden, wenn ich jetzt und für die Zukunft unter meinen Gästen eine strengere Auswahl als treffe als bisher. Sie müssen nicht nur von ihren, ich will mal sagen, ökonomischen Möglichkeiten her in mein Haus passen, nein, sie müssen auch sozial kompatibel sein.

Zum Beispiel dem feisten „Hotte" Kowalski, dem habe ich gerade abgesagt. Das war doch nicht mehr auszuhalten, wie der morgens zum Sonnenbaden auf meine Landhausterrasse geschlichen kam. Mit 'nem Feinrippunterhemd der Grauschleierklasse, ballonseidener Jogginghose mit nur zwei Streifen und – der Gipfel! – mit quittengelben Aldiletten an den Füßen. Der soll doch mit seinem Wohnmobil nach Rügen fahren, einmal quer durch Mecklenburg-Vorpolen. Da ist er dann unter seinesgleichen.

Auch die Müller-Vollpracht mit dem scharfen Tattoo auf der linken Arschbacke habe ich aussortiert. Dieses Busenwunder hat stets für Unruhe und Irritation in der Sauna gesorgt. Wenn sie sich mit ihrem Tanga an den Pool drapierte, dann haben vor Aufregung alle Handys im Haus geklingelt. Die hat mir die Männer im Haus rattig gemacht, und deren Frauen kamen dann alle zu mir und verlangten Mietpreisminderung – wegen öffentlicher Erregung ihres persönlichen Handicaps!!

Nein, ich denke, das Luder ist besser in der Deutschen Dominikanischen Republik aufgehoben. Da kann sie dann die Multi-Kulti-Sau 'rauslassen und sich zur Miss Coconut wählen lassen.

Und dann der Oberstudienrat Heilbrecht aus Bremen, dieser nihilistische Brillen-, Bart- und Bedenkenträger, bekennendes GEW-

Mitglied und Volvo-Kombifahrer. Der Mann verursachte eine solch negative Aura um sich, daß alle Joghurtbecher platzten, kaum daß der Mann den Frühstücksraum betreten hat. Soll er doch in die Toskana fahren. Da kann er dann Weißwein saufen, anstatt meine übrigen Gäste mit sozialdemokratischen Belanglosigkeiten zu verbiestern.

Schließlich habe ich noch dem Müllerheinrich aus Berlin-Moabit abgesagt. Der alte Schluckspecht hat sich regelmäßig bis zum Mittag einen Sixpack Bier reingezogen. So einer gehört nach Mallorca. Da kann er dann im Ballermann 60plus Koma-Saufseminare leiten.

Ja doch, es hat nur Vorteile, wenn du dir deine Gäste aussuchen kannst. Vergangene Woche rief bei mir jemand an – ein Doktor Soundso aus dem Sauerland – und fragte, ob ich für ihn im August noch etwas freihätte. Ich erwiderte ganz erstaunt: „Entschuldigen Sie, ich kenne Sie doch gar nicht. Haben Sie überhaupt Referenzen?"

Meine Güte, hat der rumgeeiert und sich gewunden, bis ich knallhart nachsetzte: „Was sind Sie denn überhaupt für ein Doktor? Mediziner, Jurist oder Betriebswirt?!?" Ja, stotterte er darauf, er sei Urologe im Kreiskrankenhaus. „Mensch," sagte ich, „guter Mann, Urologe! Überlegen Sie doch mal! Wie soll ich das bloß den anderen Gästen erklären und überhaupt – wie krieg' ich denn diese gelben Flecken wieder weg?"

Aber irgendwie klang er ganz sympathisch und deshalb wollte ich ihm noch eine dritte Chance einräumen: „Fahren Sie denn wenigstens ein akzeptables Auto, damit Sie sich hier auf Sylt nicht blamieren?" „Ja," erwiderte er ganz stolz, „ich habe mir gerade eine neues zugelegt, einen VW-Bus Turbodiesel."

„Wie bitte?" erwiderte ich mit ehrlichem Entsetzen. „Ein VW-Bus bei mir auf meinem Landhausparkplatz?!? Sagen Sie mal, wollen Sie mich zur Lachnummer machen!?!"

Aber ich wollte ihn ja nun nicht total fertig machen, und daher schob ich eine friedensstiftende Frage nach: „Aber Kinder haben Sie ja wohl hoffentlich nicht auch noch?" „Doch," freute er sich und der Geruch saurer Milch quoll durch den Telefonhörer, „vier

14

15

Stück, und eins ist noch in der Röhre!" Ich taumelte wie ein angeschlagener Boxer, hoffend, daß ein Hörsturz mich erlöst. Doch dann riß ich mich zusammen und blaffte den sauerländischen Triebmenschen an: „Hören Sie mal, alter Schwede, so wird das nix mit uns beiden. Ich faxe Ihnen mal die Telefonnummer der Jugendherberge Hörnum runter. Da sind Sie unter Ihresgleichen. Die haben wunderschöne 32-Betten-Zimmer. Da machen Sie mal die nächsten zwei, drei Jahre Urlaub. Ich werde mich regelmäßig beim Herbergsvater erkundigen, wie Sie sich da aufführen. Anschließend können Sie sich dann wieder neu bei mir bewerben. Dann aber bitte gleich mit den üblichen Unterlagen: letzter Steuerbescheid, aktueller Kontoauszug, von allen Kindern über 12 Jahre ein polizeiliches Führungszeugnis und ein frisches, unretuschiertes Foto Ihrer Frau."

Er war echt begeistert, daß er nun schon mal auf Warteliste stand und hat mir spontan einen kostenlosen Gesundheits-Check angeboten. Ich denke, so etwas sollte man nicht ungenutzt lassen, und so habe ich ihm eine Batterie Urinproben runtergeschickt, von der ganzen Familie, im wattierten Umschlag – natürlich . . . unfrei.

Gäste aus'm Ruhrgebiet

Hinter jedem größeren Vermögen steckt bekanntlich ein Verbrechen. Der Wohlstand von uns Syltern beruht unter anderem darauf, daß unsere aufgeweckten Vorfahren bei Schiffsstrandungen die Besatzung plattgemacht haben, um sich dann über die Ladung herzumachen. Etwas mühseliger ist das Geldverdienen in der modernen Zeit. Nur durch die Vermietung kostbaren Appartementwohnraums gelingt es, an das Geld der Gäste zu kommen. Und da gibt es pflegeleichte Fälle, die die Mücken gerne rüberrücken und andere, die muß man erst richtig durchschütteln.

Es war am Stammtisch, Dienstag vor einer Woche. Wir saßen bei Olaf und haben den neuen Grünkohljahrgang verkostet.
Es war mal wieder wonniglich: Die Würste glänzten knackig und spritzten bis zur Decke, wenn man ihnen mit der Gabel zu Leibe rückte. Der Grünkohl zeigte sich im Anbiß zart rauchig, in der Gaumenmittellage leicht trüffelig, und im Nachgeschmack erfreute das zartfaserige Ballaststoffgezausel mit einem Hauch mandelbitter. Auch der Bauchspeck war säuisch gut, und der Löwensenf tobte durch die Nebenhöhlen, als hätte man sich eine Linie Koks reingepfiffen.

Als dann die Platten geräumt, die letzten Wurstzipfel aus den Zahnlücken gepult und mittels Aquavitabfüllung die Verdauung angekickt war, lehnten sich alle gesättigt und zufrieden zurück. Olli fabrizierte ein Bäuerchen, so daß die Kerzen am Adventskranz erloschen und das Fenster zum Hof aufflog. Peter flammte sich mit nassen Schmatzgeräuschen eine Zigarre an, und Jan trat nach dem Hund, der sich unter dem Tisch über die Kasslerknochen hermachte. Glasige Glückseligkeit glubschte in unseren roten Augen, und während tief in mir meine Galle verzweifelt die Ärmel hochkrempelte, nahmen wir mit leicht reduzierter Verbalkraft das Gespräch wieder auf: „. . .Samaolaf. . . kinonbia (hicks). . .?"

Doch bevor der Zapfer abnicken konnte, fuchtelte Olli unkoordiniert mit den Armen und rief Richtung Theke: „ Herr Wirt, mach mal 'ne Runde für alle oder was, auf meinen Deckel und so."

„Mensch, Olli," staunte Peter, „du schmeißt 'ne Runde? Was gibt es denn zu feiern?" Tatsächlich – alle staunten angesichts dieser Großherzigkeit und auch Jan strahlte, während er dem knochenknackenden Hund erneut ins Gekröse trat. „Tschä nu," griente Olli, „heute hat mein wichtigster Stammgast, Dr. Neumüller aus Essen-Baldeney für nächsten Sommer gebucht. Vier Wochen, von Anfang Juni bis Anfang Juli. Die kommen mit sechs Peoples. Damit kann ich zwei Appartements zuschaufeln – und das im Juniloch!!"

Die Runde sonderte – auch wegen des Freibiers – brav Beifall ab: „Waaahnsinn – echt cool – du Glückspilz. . ." und so, halt die üblichen Neidkompensationen.

Doch damit nicht genug – Olli mußte das Ding noch toppen: „ . . .und im November feiert er seine Silberhochzeit bei uns. Da hat er schon 20 Leute für eine Woche angemeldet. Ich habe ihm natürlich einen Sssuperpreis gemacht. Dafür läuft das dann aber alles cash Kralle ohne Zettel. Drei Wochen Karibik im Januar hab' ich da für mich schon locker bei raus!"

„Sag mal," unterbrach ich den Angeber und wischte mir den Freibierschaum vom Mund, „dieser Neumüller, das ist doch ein ganz alter Stammgast von dir, so'n richtiger Sympath, oder?"

Olli beugte sich vor, umklammerte sein Bierglas mit beiden Händen und lächelte verschmitzt über seine Brille: „Männer, ich sage euch: die Neumüllers, das sind die idealen Gäste – die sind fast wie ein Sechser im Lotto. Zum einen haben sie so reichlich Knete, daß sie sich gleich zweimal im Jahr bei mir einmieten können, und außerdem haben sie ein Helfersyndrom, das sie an uns austoben."

Peter hatte sich an seinem Stumpen verraucht und bekam einen sterbebettwürdigen Hustenanfall: „Ich glaube, ich kann mich jetzt an ihn erinnern", krächzte er rotgesichtig und mit einer zum Falsett gebrochenen Stimme. Das ist doch der Typ, der immer zum

Dorschangeln rausfährt und anschließend seine Beute verschenkt, weil er kein Fisch mag."

„Richtig," bestätigte Olli „und meinen Rasen mäht er regelmäßig und unaufgefordert. Im vergangenen Sommer hat er mir an einem Regentag einen Internet-Anschluß gelegt, anschließend rund ums Haus die Regenrinne gereinigt und – er ist ja, wie ihr wißt, Anwalt – in der letzten Woche hat er dann noch ein Testamentsentwurf für Meta und mich erarbeitet."

Wir waren sprachlos. Weil keiner der anderen entsprechende Anstalten machte, bestellte schließlich ich eine neue Runde Bier plus Aquavit. Peter hatte zwischenzeitlich seinen Fehlfarbenknösel entsorgt und schwächelte grüngesichtig in seiner Ecke. Doch nachdem er sich zwei von den kalten Dänen hinter den Zipfel gezausel hatte, übermannte ihn wieder vulgärer Lebensmut: „Solche Gäste würde ich mir auch mal wünschen. Aber bei mir checken immer nur die Loser und Spinner ein. Zum Beispiel im letzten Sommer dieser Kalle Krawalski aus Bochum, eine Heimsuchung der besonderen Art. Den ganzen Tag dröhnte Grönemeyers Currywurst aus den Lautsprechern. Und dann, das müßt ihr euch mal vorstellen, war das Appartement nachher voller Taubenscheiße, weil er seine preisgekrönten Federbälger mitgebracht hatte, damit sie auf dem Weg von Sylt nach Bochum auch mal den Überwasserflug trainieren konnten. Vollkommen abartig, der Typ."

Hämisches Grinsen machte sich in der Runde bereit. „Hat du ihn dann," bohrte ich nach, „über eine verschärfte Endreinigungsgebühr ordentlich gebürstet?"

„Ne, das nicht," meinte Peter und verdrehte die Augen, „aber er hat sich am Ende bereit erklärt, quasi als Schadenskompensation, auf der Rückfahrt vier Säcke Müll und zwei alte Autobatterien mit aufs Festland zu nehmen, um sie irgendwo an einem Rastplatz zu deponieren. Kannst ja sagen, was du willst, aber hilfreich sind diese Krawallbrüder aus'm Ruhrpott."

Unser Hausfreund Fridolin

Wenn aus einem niederen „One-night-Stand" etwas Edleres werden soll, eine lebenslange, traute Partnerschaft zum Beispiel, dann muß man sich immer wieder neu einbringen, dann muß man seine Kompromißfähigkeit jede Minute neu beweisen. Und zwar nicht nur, wenn die Sonne scheint und sowieso alles paletti ist, sondern besonders dann, wenn die Fetzen fliegen, wenn Lebensentwürfe wütend zerknautscht und genial umgeschrieben werden. Dann ist nicht der Zampano, sondern der Moderator gefragt, dann zählt nicht Kleingeist, sondern Großmut. Dann, ihr Würmer und Wichte, dann ist meine Stunde gekommen...

Mit allem habe ich gerechnet, aber nicht damit: Meine Frau will sich einen Hund anschaffen! Weil – sie war in diesem Jack-Nickolson-Film „Besser geht's nicht." Und eine der Hauptrollen ist mit einem Hund besetzt: eine strunzhäßliche Töle, so ein Mop, mit dem sich der Bär im Wald den Hintern abwischt. Trotzdem, dieses Biest hat meinem Engel das Herz gebrochen.

Okay, man muß ihr zugestehen, daß sie viel Zeit zum Nachdenken hat. Denn sie braucht ja nicht zu arbeiten, das hat meine Frau nicht nötig. Mit so was kann man sich ja auch den ganzen Tag versauen. Nein, sie beschäftigt sich ein wenig in unserem weitläufigen Haushalt, was da so halt anfällt: Geld wiegen, Brillanten putzen, Grundbuchauszüge abstauben und gegen Mittag den Pizzadienst anrufen. Ja, da zieht sich der Tag zäh hin, da braucht der Mensch Zerstreuung! In solch einem mentalen Feuchtbiotop wachsen dann so abstruse Wünsche wie der nach einem Hund!

Aber egal, der Beschützerinstinkt war durch diesen Film geweckt, und ich wurde mit Pro-Hund-Argumenten zugeschüttet. Ich wehrte mich verzweifelt: „Das kannst du doch nicht machen! Denke doch mal an meine Tierhaarallergie! Meine Bronchien krampfen, ich krieg 'nen Flash, und du kannst dann die nächsten 30 Jahre mein Grab pflegen! Ich warne dich: Sowas geht fürchterlich ins Kreuz!!"

Außerdem verwies ich auf meine frühkindlich erworbene, amtsärztlich bescheinigte Hundephobie. Ursache: Mein Vater war Briefträger und kam jeden Tag mit zerbissenen Waden nach Hause.

Dieser schlüssigen Argumentationskette konnte sich mein Weib nach einigem Hin und Her dann doch nicht entziehen. Sie entsagte unter Tränen dem Hundewunsch, mupfte dann aber mit der irrwitzigen Forderung auf, eine Katze anzuschaffen: „ Die Katzen in der Whiskas-Werbung, die sind ja sooo putzig."

Ich brach zusammen: „Mädel, weißt du überhaupt, wer oder was da auf uns zu kommt? Katzen sind Raubtiere. Die schleppen dir jeden Tag halbtote Ratten an, die sind eigenbrötlerisch, trotzig und machen, was sie wollen. Und was du im Werbefernsehen nicht mitbekommst: Die stinken wie zwei nasse Pumas!!"

(Damit wir uns nicht mißverstehen, Katzen sind mir nicht egal: Für jede plattgefahrene Katze habe ich mir eine Kerbe ins Lenkrad geritzt – und schon seit einiger Zeit liegt es mir aus diesem Grund sehr griffig in den Händen. . .)

Wortlos, mit feuchtschimmernden Augen und einem dicken Kloß im Hals nickte mein Engelchen. Ja, doch, irgendwie verstehe ich sie schon. Sie benötigt einen adäquaten Gesprächspartner, während ich da draußen im brutalen Erwerbsleben mein Ego stähle. Aus diesem Grunde ist unsere Wohnung ja auch schon mit allerlei Grünpflanzen vollgestellt, auf die sie ständig einredet – nur die antworten nicht. Es sei denn, man versteht das Rascheln der trockenen Blätter in der aufsteigenden Heizungsluft als Sprache. Vielleicht sollten wir uns statt eines Haustieres ein Au-pair-Mädchen anschaffen. Doch wem hilft es, wenn wir nach einem Jahr die Namen der Back-Street-Boys auf polnisch oder portugiesisch aufsagen können und trotzdem jeden Mittag das Essen auf Rädern herbeigeschafft werden muß?

Als ich dann sorglos und gutmeinend, aber wohl recht leichtfertig den Vorschlag machte, ersatzweise einen Hochleistungs-Tama-

gotchi anzuschaffen, kam mir als Antwort der schwere Bleiglas-
aschenbecher entgegengeflogen. Das war genau der Zeitpunkt, an
dem wir das Gespräch wegen emotionaler Überlastung abbrachen.

Doch die Krönung folgt erst noch: Komme ich doch vor einigen
Tagen nach Hause, und da höre ich aus dem Bad die Zuckerstim-
me meiner Freizeitbetreuerin: „Fridolin, ja, komm zu Frauchen, ja,
wo ist denn mein Fridolin, ja schau mal, was habe ich denn da für
ein Leckerli...?" Begleitet von Schweißausbrüchen und geschüttelt
von Herzrhythmusstörungen stürze ich ins Bad, erfüllt von der
Panik, mein Weib mit irgend einem zotteligen Vieh vorzufinden.
Sie aber kniet auf dem Boden und tappert mit der linken Hand auf
dem Boden herum, wie unsere Freunde von der Kontaktlinsenfrak-
tion auf der Suche nach ihren verlorengegangenen Prismen. Be-
waffnet mit einer Lupe in der rechten Faust macht sie den Naßzel-
len-Knatterton.

„Geh weg da, du Tölpel," faucht sie mich an, „du trittst mir
meinen Fridolin platt!" Ich mache einen Steppschritt zur Seite,
zücke im Geist ein Fleischermesser und rufe: „Fridolin?!? Wer oder
was ist Fridolin?!?"

Inzwischen hat sie irgend etwas in der Hand, und sie rappelt
sich in die Höhe. „Fridolin ist unser Silberfisch," flüstert sie mit
strahlender Miene, „ein ganz putziges Exemplar. Schau doch mal,
wie süüüß er ist. Und er gehört uns ganz alleine – quasi aus eigener
Aufzucht."

Mein Blutdruck schlafft weg, ich werde lammsanft und pliere
gerührt durch die Lupe. Dort erblicke ich ein Wesen wie aus einer
anderen Welt, eine Kreuzung zwischen Bratwurst und Schrubber,
auf Bonsaiformat runtergeschrumpft. Das kringelige Wesen grinst
mich frech an und plinkert fröhlich mit den Augen. Mein Herz
weitet sich, Wärme und Beschützerinstinkt durchströmen mich.
Okay, mit Enkelkindern hat's noch nicht geklappt, aber diesen
munteren Gesellen will ich gern in meine Familie aufnehmen, mit
ihm will ich zwar nicht das Bett, wohl aber das Bad teilen.

Ich lege, so wie ich es aus der Bausparwerbung im Fernsehen
kenne, den Arm um mein Frauchen und frage: „Was frißt er denn,
unser Fridolin? Werden wir ihn überhaupt satt bekommen?"

„Kein Problem. Er ernährt sich überwiegend von abgefallenen Hautschuppen, ausgefallenen Schamhaaren und was sonst noch alles in deutschen Badezimmern herumtollt. Ich wette, der kleine Kerl hat sich alle deine Erbinformationen schon tapfer reingewürgt, womit gewährleistet wäre, daß dein Gen-Pool der Nachwelt erhalten bleibt. Das war dir doch immer so wichtig gewesen. Wenn du ihm eine besondere Freude machen willst, dann rufst du ihn morgens zu dir. Und während du dir oben die Zähne putzt, knabbert er dir unten die Fußnägel rund. Nur deine harnstoffhaltige Fußsalbe darfst du zukünftig nicht mehr benutzten, denn davon wird er ganz bekifft und singt unanständige Lieder. . ."

Geht doch nach drüben

„Auf dem Festland wohnen, auf der Insel arbeiten! Tolle Idee – da mach' ich mit!" Mit dieser Parole wollte ein wohlmeinender Immobiliendealer vor einiger Zeit den Insulaner verklickern, wohin der Trend geht: Sylt den Geldsäcken – und die Plebs aufs Festland. Zum Putzen, Servieren und für sonstige niedere Dienstleistungen kann dann täglich eingependelt werden. Fürwahr, eine tolle Idee. Schade, daß ich nicht selbst drauf gekommen bin.

Vorweg erstmal folgendes: Das ganze Rumgejammere hier auf Sylt, daß es zuwenig Mietwohnraum gebe, daß die vorhandenen Wohnungen zu klein seien, daß sie darüber hinaus eine völlig falsche Raumaufteilung hätten, diese Kritik finde ich sowas von daneben! Hat sich eigentlich die arbeitende und auf der Insel ansässige Bevölkerung schon einmal Gedanken darüber gemacht, daß sie durch ihr kindisches Beharren auf Anwesenheit potentiellen Sylturlaubern die Quartiere wegnimmt? Unsere Zielgruppe kauft sich derweil schon mallorquinische Fintas und klimatisierte Landhäuser in Florida, nur weil die hiesigen Toplagen immer noch von querköpfigen Ureinwohnern blockiert werden.

Zwar bemüht sich die Bauwirtschaft mit Erfolg, jedes Jahr ein paar tausend neue Betten auf die Insel zu klotzen, aber trotzdem soll es im Juli und August noch einige Resttage geben, an denen es immer noch nicht reicht. Doch selbst diese objektiven Alarmsignale scheren den dickschädeligen Nordfriesen einen Dreck. Haben Sie eigentlich schon mal beobachtet, daß im Robinson-Club Kenia das dunkelhäutige Dienstpersonal Hütte an Hütte mit den weißen Geldsäcken haust? Natürlich nicht. Das einheimische Fußvolk wohnt, wie es sich gehört, weit weg in den Slums am Stadtrand und kommt täglich zum Dienern vorbei.

Es ist volkswirtschaftlich bedenklich und betriebswirtschaftlich nicht nachvollziehbar, daß nicht auch auf Sylt längst schon eine strikte Trennung von Eingeborenen und Gästen vorgenommen wurde. Allerdings sind erste erfreuliche Ansätze des Umdenkens zu beobachten. Waren es bisher nur wenige alteingesessene Familien, die nach dem Ableben des Stammvaters das Erbe parzellierten und hochprofitabel versilberten, so gibt nun endlich die Bundesfinanzverwaltung ein leuchtendes Beispiel: Im Rahmen der sogenannten Konversion wird jetzt alles verkloppt, was sich nicht bewegt! Nörgler mögen das Geldgier nennen, Besonnene wissen, daß die so geschöpften Mittel über den Sozialhaushalt direkt den Bedürftigen zufließen. Das macht Hoffnung, die Vernunft könnte doch noch siegen. Woher eigentlich nehmen sich Menschen hier auf der Insel das Recht, Wohnsicherheit im Alter zu verlangen, nur weil sie 40 Jahre ihrem Dienstherren durch Dick und Dünn gefolgt sind, ihm quasi stets zu Willen waren? Das ist doch alles Sozialromantik! So etwas gefährdet den Standort Deutschland.

Wenn es angehen kann, daß auf dem Festland unser Müll deponiert und unsere Drogenkids therapiert werden, dann muß es doch wohl doch auch möglich sein, daß Sylt zu einem von Einwohnern gesäuberten Ferienreservat wird. Die Arbeit wird durch täglich einpendelnde 620-Mark-Kräfte erledigt. Ein weiterer Vorteil wäre, daß die Straßen nicht ständig durch fipsige Toyotas, Fiestas und Polos blockiert werden und die Einrichtung einer Mercedes-Spur zwischen Westerland und Kampen endlich in die Tat umgesetzt werden könnte.

Auch die Sylter Drogenszene, schon seit längerem im Visier der bundesdeutschen Medienaufmerksamkeit, würde sich radikal ändern. Hat sie durch ihren lebhaften Heroinkonsum bisher ganze Landstriche der dritten Welt redlich genährt, ist in Zukunft mit einer deutlichen Niveauverbesserung zu rechnen. Denn in einer vom Bodensatz bereinigten Gesellschaft wird nicht gedrückt, sondern geschnupft. Und dieses Ziel, wer wollte das bestreiten, ist schon einen hohen Einsatz wert.

Man kann wirklich nur inständig hoffen, daß die hiesige Bevöl-

kerung endlich schnallt, daß sie östlich des Hindenburgdammes besser aufgehoben ist als westlich. Und wer am eigenen Leib verspürt, wie reizvoll die Landschaft südlich der dänischen Grenze ist, daß die Osterspazierfahrt zu Aldi staufrei verläuft und eine Waldwanderung um Leck erheblich erholsamer ist als das sonntägliche Kolonnengeschiebe am Sylter Weststrand, begreift die ursprünglich gegen seinen Willen getroffene Entscheidung rasch als Gewinn von Lebensqualität.

Und wenn die neuen Herren die Insel dann total unter Kontrolle haben, wenn die ewig herumnörgelnden Naturschützer und die sich in Bürgerinitiativen zusammenrottenden Wadenbeißer und Totalverweigerer ausgebremst sind, wenn das letzte Mietshaus entwohnt, umgewandelt, edelsaniert und geachtelt wurde, dann, Leute, seid vorsichtig mit Streichhölzern! Denn wenn jetzt irgendwo mal eine Hütte brennt und die Westerländer Feuerwehr gerufen wird, damit sie mit ihrens schmucken, roten Autos und mit Krawall angerauscht kommt, dann dauert das in Zukunft etwas länger. Denn wenn jetzt Großalarm ist, müssen die Recken von Löschzug 1 bis 3, wohnhaft irgendwo in der Tundra und Taiga zwischen Niebüll und Klanxbüll, erst per Eilzug auf die Insel geholt werden. Aber zwischenzeitlich kann ja – Schumi hat's uns vorgemacht – per Magnum-Champagnerflasche gelöscht werden. . .

Sparen auf Deibel komm raus

Jahrelang schon glotzen wir voller Neid auf das Ozonloch überm Südpol. Die Aussies und die Kiwis haben dadurch ständig gutes Wetter, während uns hier jeden Sommer die Sintflut besucht. Doch Abhilfe ist möglich! Durch gnadenloses Autofahren sollte es auch uns Nordlichtern gelingen, ein eigenes Ozonloch zu basteln und dadurch ewigem Sonnenschein Tür und Tor zu öffnen. Der Plan ist – wie alle brillanten Ideen – ziemlich einfach. Doch was sagt wohl der freundliche Tankwart an der Ecke dazu....?

„Hundertzwo-Fuffzich," brummte mein Tankwart, und er meinte damit nicht die Frequenz eines neuen, dudeligen Rundfunksenders. Nein, das war ein verbaler Raubüberfall! Der Mann wollte mein Geld. Aber ich wahrte die Fassung. Denn es war ein denkwürdiger Tag, ein historischer Moment: Zum ersten Mal verlangte der bräsige Benzindealer eine dreistellige Summe von mir. Schallmauer durchbrochen.

Ich stülpte verzweifelt meine Jackentaschen um und suchte nach Barmitteln. Im Geheimfach meiner Brieftasche moderte noch ein Zwanziger aus Karl Blessings Zeiten herum, und im Handschuhfach lauerten drei Markstücke für die Parkautomaten. Zwei leere Flaschen Flens unterm Beifahrersitz brachten noch 60 Pfennig Pfand und der dummdödeligen Töle von Frau Petersen, die den ganzen Tag an den Zapfsäulen herumschleicht, um sich einen Benzol-Kick zu schnüffeln, zottelte ich die Telefongroschen aus dem Halsband.

Nachdem ich dann den halben Nachmittag zum tariflich korrekten Stundensatz von DM 9,21 Windschutzscheiben geputzt und Ölstände kontrolliert hatte, konnte ich meine Petrodollarschuld begleichen und fuhr erschöpft nach Hause.

Mein liebes Weib, das zugleich als Vermögensberaterin und

Therapeutin für mich tätig ist, erkannte sofort dringenden Handlungsbedarf, schubste mich in meinen Lieblingssessel, legte eine CD mit tibetanischer Obertonmusik auf und begann, mir die Schläfen zu massieren.

Während mein Körper wegschlaffte wie ein Windsack bei Flaute, arbeitete mein Geist wie eine Internet-Suchmaschine. „Mädel,“ murmelte ich, „Mädel, wir müssen Benzin sparen. Unser altes Auto wird übermütig und säuft uns in den Schuldturm!“

„Bei deinen Kontoständen wundere ich mich sowieso, daß du noch auf freiem Fuß bist,“ meinte daraufhin meine Fondsverwalterin und jagte dabei mit ihren Fingerspitzen positive Energien über meine mentale Festplatte, „aber daß wir nun unsere vier Telekom-Aktien auf den Markt werfen, nur damit du weiterhin über die Insel heizen kannst, das schmink dir mal gleich ab.“

„Nein, nein,“ beschwichtigte ich und tastete mit der Linken nach der Fernbedienung des CD-Players, denn die Töne aus dem tibetanischen Hochland jagten unserem Sittich Hansi sämtliche Milben aus dem Federkleid, „nein, ein Genie spart Benzin ohne jegliche Komfort- und Leistungseinbuße!“

„So isses,“ meinte mein Engelchen und brach die Stirn- und Schläfenmassage abrupt ab, um sich einen Bachblütentee mit Sandelholzsplittern aufzubrühen. „Zum Beispiel Helmut, du weißt doch, das ist der Mann von der Rita aus meiner *Reiki*-Gruppe. Wenn der seine Oma in Ellerbek besucht, dann nimmt er nicht seinen Daimler, sondern seinen neuen Rasenmäher: Ein Klotz wie'n Trecker, also zum Draufsitzen. Und damit raspelt er über die Grünstreifen der Autobahn und schreddert alles auf Golfplatzniveau runter. Von der Autobahnmeisterei bekommt er dafür sechs Mark pro Kilometer – bar Kralle ohne Zettel! Wenn er dann nach zwei Tagen in Ellerbek ankommt, ist er zwar ganz grün im Gesicht, hat aber über 400 Mark Klappergeld im Sack. Das nenn' ich kreatives Benzinsparen!“

„Echt 'ne tolle Idee,“ lobte ich. Leider sei dieser Job ja nun schon vergeben und scheide somit für mich aus. „Okay,“ ließ meine Öko-Fee nicht locker, „ aber laß uns in Zukunft doch mal alle anderen Spartips anwenden. Zuerst also immer das Wichtigste: Der Luft-

KiM

druck in den Reifen muß erhöht werden auf rund zwei Atü über der jeweilige Herstellerempfehlung. Dann ganz entscheidend: Gewichtsreduktion. Ersatzrad, Warndreieck, Verbandskasten und all den anderen Erste-Hilfe-Plunder 'rausschmeißen. Als Krönung schleifen wir den Lack bis auf das blanke Metall ab. Das bringt gute acht Kilo und sieht absolut trendy aus..."

„... jedenfalls bis zum ersten Regen," klinkte ich mich in den Redefluß ein und fuhr aufgeregt fort: „Tanken sollte man immer nur soviel, daß es gerade bis zur nächsten Zapfsäule reicht. Wer es zur wahren Einspar-Meisterschaft bringen will, der fahre stets im dritten Gang an und schneide die Kurven mit zwei Reifen im Kiesbett. Und wenn dich ein Lkw überholt: Motor aus und im Windschatten mitsurfen!"

Wahnsinn – welch kraftvolles Brainstorming! Ja, wenn es gilt, Pflöcke einzuschlagen und unser Leben in unerforschte Bahnen zu lenken, dann ist mir mein Weib Ansporn, Ideen zu formulieren, die andere nicht einmal zu denken wagen.

Allerdings sind, was das Benzinsparen angeht, einige aus unserer Sippe auch schon mal über das Ziel hinausgeschossen. Schwager Berthold zum Beispiel vertritt die Meinung, daß er am meisten spart, wenn er so schnell fährt, daß er am Ziel ankommt, noch bevor das Benzin alle ist! Ein bedauerliches Opfer neumodischer Formel-1-Besessenheit. Das fing ja schon vor einem Jahr an, als er immer nur so viel getankt hat, wie in 8,9 Sekunden 'reingeht. Und mit so was bin ich verwandt. Mit dem fahr' ich kein Rennen mehr von Westerland nach List!

Währenddessen wühlte meine Sparkommissarin in unserem Illustrierten-Archiv, das wie eine Hochglanzwanderdüne durch unser Wohnzimmer vagabundiert. Ich bin stolz, sagen zu können, daß wir all die Zeitschriften abonniert haben, die unsere Freunde angeblich immer nur zufällig beim Friseur lesen. Und schon – der aufgewirbelte Staub verdunkelte die Sonne nur für Minuten – lag das gesuchte Exemplar aufgeklappt auf dem Tisch und meine Ministerin für schadensreduzierte Ernährung, Leibesübungen und technischen Fortschritt pochte auf einen Artikel: „Hier, schau mal, unser nächstes Auto, aus Wolfsburg, aus Schröderland. Ein Dreiliterauto mit Allesfressermotor. Nur 400 Kilo Lebendgewicht, der schluckt ja nun wirklich alles: Diesel, Rapsöl, Knoblauchsoße und sogar Salatdressing, wenn nur genug Olivenöl drin ist."

Ich schaute auf das Foto. Ein Auto, häßlich wie Guildo Horn und windschnittig wie eine Schrankwand, anscheinend designed vom ZK der chinesischen KP. „Entschuldige," meldete ich sanften Protest an, „an ein Dreiliterauto habe ich auch schon gedacht. Allerdings meinte ich da eher den neuen Dreier-BMW mit Sechs-Zylinder-Maschine. So stelle ich mir ein Dreiliterauto vor."

Doch meine Beifahrerin durch die Einbahnstraßen des Lebens ließ nicht locker. „Stell dir doch mal diese Möglichkeiten vor: Wenn wir zukünftig bei Nordwestwind nach Hörnum fahren, müssen wir nur ein paarmal bremsen und zack, sind wir da. Für die Rückfahrt bestechen wir den Busfahrer von der SVG mit einem Krabbenbrötchen und dann verladen wir unseren kleinen Muckel hinten am Bus auf dem unbenutzten Fahrradständer und lassen uns nach Hause schleppen. Na, ist das nicht 'ne tolle Idee?"

„Doch, doch," bestätigte ich im vorauseilenden Gehorsam, „echt megatoll, geradezu Grand-Prix-verdächtig – nur ich befürchte, das können wir alles knicken, denn die Pole-Position im Rennen um die beste Sparidee hat Olli schon erobert. Neulich habe ich meinen Freund dabei beobachtet, wie er bei Wandmaker das Flens fürs Wochenende bunkerte. Dann mußte er noch einmal kurz in die Keitumer Chaussee, um bei Mike Martens Gardinenringe zu laden. Olli hatte aber partout keine Lust, den Riesenumweg über den Bahnhofsvorplatz zu nehmen und den ganzen Tag im Ampelstau zu verbringen. Also ist er, schwuppdiwupp, auf den Autozug und nach Niebüll rüberklabastert. Dort kurze Wende auf der Rampe und dann zurück auf die Insel. Hier brauchte er nur noch vom Autozug runterzurollen und sich bei Mike Martens die bestellten Nasenringe abzuholen. Tja, manche Sparmanöver sind nur schwer zu toppen. . ."

Sylter Kamingespräche

Die Pflege des gutnachbarlichen Gesprächs , das Einbringen der eigenen, sozialen Kompetenz in die kleinzelligen, cityfernen Wohnstrukturen ist unverzichtbar im sturmumrauschten Inselleben. Gerade im Winter mal am Abend mit Freunden zusammenzuhocken und schabernackeske Geistreichereien abzuliefern, jede pappnasige Zufallspointe der anderen mit einem eigenen virtuosen Geistesblitz zu übertreffen, das bereitet Wonne. So treiben wir es in den langen Monaten ohne Sonne, Strand und Quallen. . .

Die an die Balkontür klopfenden Raucher, die graugesichtig und kurzatmig wieder Einlaß begehren, sie werden mit Gnade und viel Gelächter hereingelassen, dürfen wieder teilnehmen an unserer burlesken Runde.

Die von der Runde bereits verschnabulierte Menge Rotwein in Hektoliter zu messen, wäre zuviel der Ehre. Aber sie reicht allemal, um jeden einzelnen Teilnehmer an dieser bacchantischen Zusammenrottung mit ausreichend Korken zu versorgen, die dann mit nervösem Fingerspiel über Tisch und Teppich verkrümelt werden.

Noch aber dominiert Kopfbrillanz die Themen der Korkenverkrümeler: Soll die Bürgermeisterin beim Umzug zum hundertsten Jubiläum des Rathauses in nackter Pracht durch die Fußgängerzone reiten, um spektakulär an historische Vorbilder anzuknüpfen? Und wie bringen wir es Peter Douven, dem Generalmanager der Wellness- and Entertainment-Company schonend bei, daß er den schönen „Kur"-begriff nicht mit Amerikanismen oder Esoterismen meucheln soll? Wäre es nicht viel wichtiger, eine der vielen Saunen in der Sylter Welle zur Meditationssauna umzuwidmen, damit man sich auch mal der Hochtemperatur-Sabbelwucht der einheimischen Besucher entziehen kann?

Und mit welchem Baumaßnahmenkonzept könnte man bei der nächsten Wahl Stimmen und schlußendlich einen Sitz in der Stadtvertretung ergattern? Mit der Forderung, eine Jugendstrafanstalt zu errichten oder besser ein 50-Millionen-Mark-Hotels? Vielleicht aber brächte das Plädoyer für die Aufschüttung einer Mautstraße am Hindenburgdamm mehr oder doch die Errichtung eines Hochleistungskrematoriums mit Wärmerückgewinnung, quasi als Einstieg in den Ausstieg? Auf diese Weise könnte man in so manch einer abrupt freigewordenen Wohnung den Zähler einige Tage rückwärts laufen lassen und die ausgelutschte Behauptung mit Leben erfüllen, daß wir diese Erde nur von unseren Kindern geliehen hätten.

Da meine rotweinsaufende und immer mattere Geistesblitze absondernde Horde inzwischen knöcheltief in selbstgebasteltem Korkenbrösel sitzt, ist eine Schallisolierung nach unten hin gewährleistet, die auch strengsten Din-Normen mit Leichtigkeit genügt.

Wohlgefällig schaue ich als Gastgeber in die Runde, stolz und glücklich, die mir aufgenötigte Rolle des Moderators, Animateurs und Dompteurs mit ebenso kritischen wie kreativen Einwürfen grandios auszufüllen.

Auch äußerlich präsentiere ich mich in herausragender Position: Während die anderen, volltrunken in Ikea-Sitzsäcken der grauseligen siebziger Jahre herumhängen wie Hippie-Frauen bei einer Unterwassergeburt, throne ich alles überragend auf zwei gestapelten Rantum-Quelle-Kisten und unterstreiche meine Gesprächsbeiträge mit martialischem Korkenziehergefuchtel.

„Schluß mit dem Herumgeeiere in Nichtigkeiten. Vergeuden wir unsere eng bemessene Lebenszeit doch nicht mit kleingeistigem Festbeißen an Peanuts! Ich stelle die zentrale Existenzfrage in den Raum: Was quält uns wirklich, was bringt uns hier auf der Insel den Kopf zum Platzen?"

Der Versuch meiner überraschten Gäste und Zechkumpanen, sich daraufhin in ihren Sitzsäcken aufzurichten, bewirkt eine Geräuschkaskade, als ob sich 100 Surfer gleichzeitig ihre Neopren-Anzüge vom Leib rissen.

Vordergründig frohgemut, doch mit Hinterlist und fieser Berechnung berichte ich dem Sauf- und Sitzsackpack nun von meinem Öko-Apfelkauf auf dem Westerländer Wochenmarkt. Daß der Erwerb eines Kilo Bosköppe ein acht Mark großes Loch in meine Geldbörse riß, verschweige ich wohlweislich. Dafür kann ich mir schließlich die Gewißheit überstülpen, daß das Pflücken der Äpfel von arbeitslosen, kinderreichen, deutschen Akademikern vorgenommen wurde. Solche Hilfsprogramme für verarmte Uni-Absolventen halte ich für segensreich.

„Was mich hingegen quält", poltere ich los und schicke voraus, daß ich Äpfel mit Haut und Haar, mit Stumpf und Stiel zu vertilgen pflege. Und jedesmal – ohne Ausnahme! – verkante sich beim finalen Herunterwürgen ein vermaledeites Gehäusestück zwischen meinen Schneidezähnen, „das, Leute, quält mich, denn das ist ein Gefühl, als ob man zwei Schuhspanner der XXL-Klasse im Munde verborgen durch den Zoll schmuggeln will. Wer sich diesen kieferorthopädischen Streß vorstellen möchte, sollte sich mal eine Bisamrattenfalle ins Maul klemmen und sie dann mit der Zunge zum Auslösen bringen. Jedesmal muß ich dann meinen Badezimmerschrank nach einer Elle Zahnseide durchwühlen, um diesen Keil herauszureißen."

Doch wer nun glaubt, ich hätte mit dieser eindrucksvollen Schilderung bei meinen Kumpanen Mitgefühl und Betroffenheit ausgelöst, liegt mal wieder total daneben. Nein, mit bleischwerer Zunge vorgetragene Schicksalsschilderungen über Fisteln am Gesäß und eingewachsene Zehennägel, die sogar promovierte Fußpflegerinnen vom Hocker hauten, feiern daraufhin Triumphe. Keine Frage, ich hatte dem Abend endlich ein bedeutendes Gesprächsthema geschenkt. Allen fällt dazu etwas ein, jeder holt seine körperlichen Gebrechen und Verwucherungen hervor und verbalisiert sie ohne Rücksicht auf Ekelgrenzen. Und als vielumjubelte Berichte über Brustwarzenpiercing in San Francisco und Darmspülungen im indischen Ashram diesen Abend doch noch zum Erfolg werden lassen, bin ich dankbar, mit meinem Apfelbutzenerlebnis meinen Freunden eine glückliche Stunde beschert zu haben.

Zum Ausklang des Abends haben wir dann noch mit Lall und Sabber beschlossen, daß Guildo Horn Kanzlerkandidat der FDP werden und Gerhard Schröder Deutschland beim Euro-Schlagerfest vertreten solle. Mögliche Titel: „Wir steigern das Bruttosozialprodukt" oder „Mein Baby, Baby, balla-balla."

Ein nordfriesisches Märchen

Die Fahrt über den Hindenburgdamm, so glaubt mir, kann traumhaft schön sein, prickelnd wie ein Champagnergelage und atemberaubend wie Bungee-jumping. Sie kann aber auch zum Trauma werden, schlimmer als Vorhölle, Fegefeuer und Festplattenabsturz. Denn die Schönheit der Reise aus der Tundra und Taiga um und bei Nixbüll auf die Insel der Glückseligkeit kann jedermann selbst gestalten durch die Wahl des richtigen Verkehrsmittels.

Seit die Deutsche Bahn uns mit der Gnade des 35-Mark-Tickets gesegnet hat, ist der Eilzugtransport über den Damm an einem sommerlichen Samstag wie eine kafkaeske Mischung aus Kölner Karneval und einer U-Bahn-Fahrt durch Tokio. Ehe man sich versieht, steht man in einem Abteil und raschelt knöcheltief in leeren Bierdosen herum. Ein Betriebsausflugsteam der Weight-Watcher Mümmelmannsberg verbrüdert sich gerade bierselig mit den milchgesichtigen Crash-Kids aus Ottensen und mittendrin eine junge Mutter aus Pinneberg mit ihrem plärrenden Gör, das nur aus Saugmuskeln und Stimmbändern zu bestehen scheint. Von hinten schiebt die 3. Herrenmannschaft aus Unaften, die sich auf dem Wenningstedter Fußballplatz einer typisch nordfriesischen Demontage zu unterziehen trachtet. Nein, die Schönheit und Einsamkeit der Wattenmeerlandschaft da draußen belastet nicht, wenn man als Bestandteil dieser teutonischen Menschenverpressung über das Jahrhundertbauwerk mit dem anheimelnden Namen Hindenburgdamm geschleppt wird.

Etwas priviligierter reist da doch der Autozugbenutzer. Mit seinem BMW 750i – Airbag aus Antilopenleder, innenbeleuchteter Aschenbecher mit Seitenaufprallschutz und sprachgesteuerte Satelliten-Navigation – entdecken wir auf der A 7 einen typischen

Sylt-Urlauber der High-Price-Premium-Klasse. Stets auf der linken Spur, mit Bleifuß, Goldbrille und Silbersträhnen, rauscht er durch die blühenden Landschaften bis zum Autobahnhof Nixbüll. Unmittelbar vor Abfahrt wird er noch schnell verladen („Mensch, da haben wir ja Glück gehabt!") und schon geht er los, der Transfer ins Paradies. Wie nicht anders zu erwarten, wird für das Fahrgeld ordentlich was geboten: Stop in Lehnshallig wegen Überholung durch den Intercity, Pause in Klanxbüll wegen Weichenstörung, Nothalt auf dem Damm dank einer fröhlich flatternden Lkw-Plane. Anläßlich eines längeren Aufenthaltes in Morsum wegen der Kreuzung mit dem Samba-Express nach Quickborn meldet sich der vorpupertäre Nachwuchs, durch stundenlanges Colasaufen unter hohem Druck stehend: „Papa, wir müssen mal auf Klo!" Gerade will der Alte sie vor die Tür schicken („. . .aber nicht gegen meine Alufelgen"), da ruckt der Zug an und klabastert weiter nach Westerland. Weil aber dort das stets blitzsaubere Klo wegen Vandalismus geschlossen wurde, ist die bahneigene Botanik mal wieder die letzte Rettung.

Die schönste Art und Weise jedoch, den Hindenburgdamm zu überwinden, entwickelt sich meistens aus einem Mißgeschick und ist deshalb auch überwiegend den ausgefuchsten Eingeborenen vorbehalten. Die planen ungefähr so: Bauerntheater in Flensburg, Modern-Jazz-Konzert in Hamburg oder Familienfest bei Oma in Ellerbek, danach hopp ins Auto und ab nach Nixbüll, um dort noch ganz knapp den letzten Zug auf die Insel um 23.35 Uhr zu erwischen. Das Auto soll dann ein festländischer Firmenmitarbeiter am nächsten Morgen mitbringen. Doch immer wieder geschieht es, daß die Bagage nur noch die Schlußleuchten des Zuges zu Gesicht bekommt. Friedvolle Nachtruhe ist längst eingekehrt auf dem Nabelstrang zum Sylter Sandknust. Was nun? Die heimischen Kopfkissen schreien nach Verwühlung! Also geht's mit Krawall und Trara durch Klanxbüll bis hin zum Dammfuß. Dort wird das Auto zwischen müde blökenden Schafen geparkt, werden Pumps und Lackschuhe gegen die im Kofferraum modernden Gummistiefel getauscht. Die Taschen werden vollgestopft mit Schokolade, Handy, Äpfeln, Taschenlampe und was sonst noch survivalmäßig verwertbar erscheint. Und mit Gejuche und Gelächter geht es los Richtung Heimat. 84 Zentimeter Schwellenabstand nötigt den Männern ein leicht tuntiges Getippel ab. Auf halber Strecke wird mit der letzten Flensburger Notreserve Bergfest gefeiert und per Handy ein Taxi nach Morsum-Nösse bestellt. Doch werden mit der Zeit alle etwas stiller, man bewundert die sternenklare Nacht, die absolute Ruhe. Der Kampener Leuchtturm blinkt, im Süden erkennt man Föhr und Amrum und auf einmal rauscht eine große Sternschnuppe von links nach schräg. Als sie nach gut drei Stunden seligen Fußmarsches die Insel erreichen, fühlen sie sich nicht nur müde und erschöpft, sondern auch glücklich und zufrieden. Göttliche Wärme durchströmt ihre Körper. Niemand spricht, aber alle wissen, daß sie etwas ganz besonderes erlebt haben.

Sie meinen, einen solchen Kitsch hätten Sie schon lange nicht mehr gelesen? Das ist sicher richtig – aber irgendwie muß die Geschichte ja enden...

Olli und das ewige Leben

Will man in Texas zur Upper class gehören, hilft es, Eigner einer Ölquelle sein. In England sollte man seine Vorfahren bis Wilhelm, den Eroberer, zurückverfolgen können, und in München zählt die Duzfreundschaft mit Rudolph Mooshammer mehr als ein Sack Golddukaten. Ähnlich ist es auf Sylt. Bist du Mitglied im Vorstand des Heimatvereins, warst schon mal Schützenkönig oder kannst fließend friesisch parlieren, dann wirst du gegrüßt und darfst beim Ringreiterturnier eine Tüte Pferdeäpfel für den Balkonkasten einsammeln. Um richtig dazuzugehören, sollte man hier auf der Insel aber doch schon Grundbesitzer sein. Aber bitteschön, die Größenangabe muß dann in Hektar und nicht im Quadratmetern erfolgen. Und dieser ökonomisch-soziologische Crossover steht praktisch jedem offen. Da gibt es gute Beispiele, Männer, die ihren steinigen Weg gehen, und zwar mit beispielhafter Konsequenz.

Also, was mein Freund Olli ist, der wohnt bei mir da drüben, so schräg gegenüber, und trotzdem ist er mein bester Freund. Wenn bei ihm eine wichtige Entscheidung ansteht, dann fragt er zuerst mich und dann – vielleicht – seine Frau. Vor ein paar Jahren, da hat Olli ja noch nicht auf mich gehört. Und deshalb ist auch so einiges dumm gelaufen bei ihm. Zum Beispiel die Sache mit Frau Hansen.

Also, zunächst mal folgendes, so ganz unter uns: Das Haus, in dem Olli wohnt und wo er seine Appartements drin hat, das gehört ihm eigentlich gar nicht so richtig. Denn das hat er damals von seiner Vermieterin, der alten Frau Hansen, auf Leibrente gekauft. Sie ist früh verwitwet, Kinder sind keine da und ihre Rente, die ist wohl auch nicht so doll. Und vor ein paar Jahren, da hat Olli mit ihr einen Deal gemacht. 60 000 Mark für das Haus auf Leibrente, und

800 Mark schiebt er seitdem monatlich nach – gutes, frisches Geld, ohne Inflationsausgleich, versteht sich.

Frau Hansen hat dann rübergemacht in das Altenheim in die Steinmannstraße – Zimmer mit Balkon und Blick auf die Dünen und so. Sie war zu der Zeit gesundheitlich angeschlagen, geraucht hat sie wie ein Waldbrand und gehustet wie ein Kerl, da konntest du echt nicht hinhören. Ja, und laufen mochte sie auch nicht mehr: Verschleiß in den Gelenken. Aber Olli, diese treue Seele, ist jeden Monat einmal hin zu Frau Hansen und hat sie ganz lieb umtütert. Immer eine Stange Zigaretten dabei und eine Flasche Mariacron, und dann haben sich die beiden einen lustigen Nachmittag gemacht. Bei der Verabschiedung per Handschütteln hat Olli heimlich ihren Puls gemessen, und der war dann meistens schon erfreulich flach. „So schlappe vier bis fünf Monate gebe ich ihr noch," hat er mir fröhlich vorgerechnet, „dann springt sie in die Kiste, und mir gehört endlich die Hütte."

Aus fünf Monaten wurden rasch fünf Jahre und irgendwann ist Olli die Kontrolle vollends entglitten. Frau Hansen schaltete mental den Turbo ein, stellte von einem Tag zum anderen das Rauchen ein und ließ sich zwei neue Hüftgelenke einschrauben, Titanlegierung, die Dinger haben ein Schweinegeld gekostet, da ist fast die AOK Sylt dran kollabiert. Beim Coiffeur hat sie sich eine verwegene Dauerwelle backen lassen und dann, beim Seniorentanz im Seegarten, hat sie die Greise angebaggert – das war echt unterirdisch. Parallel startete die alte Schachtel eine intellektuelle Offensive, indem sie sich bei der Volkshochschule anmeldete: Ägyptologie für Anfänger! Und ein Jahr später gab sie schon selber Kurse: Gerontologie und Bauchtanz – der schnellste Weg in die Hans-Meiser-Show! Die Kraft für dieses Wahnsinnsprogramm holte sie sich beim Radfahren. Einmal kam sie mir auf dem Radweg von List entgegen – auf einem Mountain-Bike mit Stützrädern, so 'nem Rehabilitations-Renner zur Beschleunigung der senilen Bettflucht.

Kurzum: Olli war total fertig. Denn das ging seit 1980 so. Was er da an echt gutem Geld reingeschoben hat, dafür hätte er eine Toplage am Kampener Watt kaufen können. Und dann erfuhren wir auch noch hintenrum und per Zufall, daß Frau Hansen sich

einen Bypass hatte legen lassen, und Daimler-Chrysler-Aktien sollte sie auch geordert haben, also, ich muß schon sagen: Ausgesprochen unangenehm, wie diese Frau sich ans Leben klammerte.

Olli also hin und diese zählebige Person zur Rede gestellt. „Frau Hansen," hat er gesagt, „wir haben einen gemeinsamen Vertrag, und irgendwann müssen Sie ihren Teil auch erfüllen, verstehen Sie?"

Nun kann Olli auf unnachahmliche Art Betroffenheit provozieren. Seit seiner Zeit in der Beschwerdeannahmestelle der Kurverwaltung ist er imstande, eine Sargträgervisage zu ziehen, die einfach jedem nahegeht: mit Tränensäcken runter bis zur Tischkante und mit vor Tristesse gebrochenen Augen. Die seh'n dann echt aus wie schlecht verheilte Schußwunden.

Frau Hansen plagte prompt ein schlechtes Gewissen, und sie hat sich für den Bypass entschuldigt, und das solle nicht wieder vorkommen und so weiter und so fort – na ja, die üblichen Sprüche halt. Aber Olli hat den Schmus akzeptiert, hat die Mundwinkel lebensbejahend nach oben gezogen und dann mit ihr ordentlich eine durchgezogen, so eine Filterlose aus dem Kossovo. Nebenbei haben sie sich mit Mariacron zugeschüttet. Und von einer Klage gegen Frau Hansen wegen Sittenwidrigkeit des Vertrages hat er großmütig abgesehen.

Ich habe ihn dann getröstet und ihm Mut gemacht, wie sich das unter Freunden gehört. „Hör mal zu, Olli," hab' ich gesagt, „dein Problem wird sich in Bälde sowieso erledigen. Überleg doch mal: Wenn die Leutchen vom Seniorenheim in der Steinmannstraße zum Kaufmann wollen, dann müssen die, hin und zurück, zweimal über die Norderstraße. Und die war ja nun 3o Jahre lang Einbahnstraße. Gewohnheitsgemäß werden die Heiminsassen nur aus einer Richtung die Gefahr wittern – von der anderen aber rauschen im 2o-Minuten-Takt die Busse heran. Mensch, Olli," sag ich, „vertraue auf den ÖPNV!"

Das hat meinem Freund sofort eingeleuchtet, und jetzt rennt Olli jede Woche ein paarmal mit 'ner Flasche Mariacron zu den Busfahrern. . .

Sylt – all inclusive

Die Saison ist vorüber, die letzten kokelnden Strandkörbe sind gelöscht und der Strand ist von Bierdosen, Präservativen und leeren Weinflaschen gereinigt worden. Ein jeder zieht Bilanz – und die fällt je nach Erlebnis- und Interessenslage unterschiedlich aus. Die Beachworker beispielsweise sitzen nun wieder in den sozialpädagogischen Seminaren und basteln an ihrer Diplomarbeit: „Jugendarbeit in gesellschaftlicher und geographischer Randlage: Können brennende Strandkörbe menschliche Wärme ersetzen?"

Auch die Strandkorbwärter haben – quasi im vorauseilenden Gehorsam – für das Winterhalbjahr Crashkurse an der Volkshochschule belegt: „Lerne ja zu sagen, auch wenn dir vor Wut eine Ader im Kopf platzt." Dergestalt mit mentaler Software ausgestattet, sehen sie den neuen Herausforderungen ihres Berufes gelassen entgegen. Strandkorbwärter Klaus W. zum Beispiel, beliebt und bekannt wegen seines ausgleichenden Wesens, meint lächelnd: „Wenn ich gegen zehn Uhr morgens zwanzig verkaterte Punks wecke, und sie mir dann nicht an die Gurgel gehen, sondern nur vor die Füße kotzen, dann begreife ich das als Ausdruck von Respekt vor anderen Lebensentwürfen."

Einziger Spielverderber in unserer schönen, heilen Welt ist die Bahn AG, die die Geltungsdauer des 35-Marks-Ticket übel reduziert hat. Eine harsche Reaktion gesellschaftlich relevanter Gruppen konnte nicht ausbleiben. Die Jusos Nordfriesland (gibt's die wirklich noch?) und der Inseljugendpfleger begreifen das als weiteren Sozialabbau und fordern die Sylter Unternehmer auf, jedem anreisenden Jugendlichen das Fahrgeld zu erstatten. Heide Simonis, die gerade ihren Regierungssitz von Kiel nach Karlsruhe, vor das Bundesverfassungsgericht, verlegt, weil ihr mal wieder der

Landeshaushalt außer Kontrolle geraten ist, sagt ihre uneingeschränkte, ideelle Unterstützung zu.

Um auch in der kommenden Saison das samstagabendliche Abbrennen von Strandkörben zu gewährleisten, bietet der neue Aufsichtsrat der Westerländer Flughafen GmbH an, mehrere Löschflugzeuge modernster Bauart auf Sylt zu stationieren. Deren Einsatz am Zentralstrand- so kurz nach Sonnenuntergang – wäre für die Gäste doch sicherlich ein großartiges Spektakel und bleibendes Erlebnis. Das Kurorchester spielt dazu erst die Feuerwerks- und dann die Wassermusik von Händel. Den Dirigentenstab führt Justus Frantz. So könnten wir den tumben Mallorca-Abtrünnigen mal zeigen, wo in Europa kulturell die Luft brennt!

Auch die völlig zu Unrecht verteufelte Gentechnologie sollte auf Sylt demnächst innovativ zum Einsatz kommen. Wenn es dem Biologie-Leistungskurs des Gymnasiums endlich gelingt, den Möwen ein Nachtigallen-Gen einzupflanzen – was wäre das für ein Tirilieren über den Müllhalden und am Strand. Und aus List hören wir, daß Jönne Gosch versucht, die Auster mit der gemeinen Qualle zu kreuzen. Wenn dieses Experiment klappt, dann muß nicht nur die so junge Geschichte der Gentechnologie, sondern müssen auch alle Sylter Speisenkarten neu geschrieben werden.

Die vielen Sylter Frauen, die im Rahmen der Selbstverwirklichung und der dem Osten zugewandten Suche nach dem eigenen Ich voll auf die esoterische Schiene gesetzt haben, sollten sich auch endlich dem Syltgast widmen. Denn wenn es wirklich gelingt – und ich rechne täglich damit -, daß man mit bioenergetischer und tandragetunter Meditation endlich die Schwerkraft überwindet, könnten sich unsere Powerfrauen doch für emissionsfreie Inselrundflüge anbieten. Nach der Startfreigabe wird die CD „Christian Deuter meets Ravi Shankar" in den Player gerückt und nach einem kräftigen „Ommmmm" geht die Luftreise los.

Sogar die Lösung eines anderen, brennenden Problems ist nun wirklich naheliegend: Schlagen wir doch einfach unsere Mitbewerber im touristischen Wettkampf mit ihren eigenen Waffen. „All inclusive" heißt der Renner in der Türkei, in der Karibik und anderswo! Der Urlaubsfreuden suchende Bundesbürger zahlt einen Preis

von, sagen wir mal 1400 Mark für zwei Wochen, und dann kann er quasi ohne Bargeld Holiday machen. Anreise, Unterkunft und Getränke – alles gebont, alles inclusive! In einigen Ecken der Deutschen Dominikanischen Republik kann man sich sogar jeden Tag den Verstand schwindelig saufen, alles inclusive!

Mit so einem Angebot könnten wir auch für Sylt neue Gästeschichten aufknacken. Aber so etwas muß knallhart kalkuliert werden. Ein Sylter Hotelier hat schon mal eine Modellrechnung erstellt: Bahnfahrt, Hotelzimmer, Endreinigung, Kurtaxe, Strandkorb, drei Mahlzeiten am Tag, alle Getränke frei, eine Inselrundfahrt, Erstattung von Parkgebühren und Knöllchen, eine Wattwanderung, zwei Ganzkörpermassagen, ersatzweise eine Cellulitisbehandlung und wahlweise eine Butterschiffahrt oder ein Besuch im Heimatmuseum müßten schon zu dem Angebotspaket gehören. Bei Inanspruchnahme aller Rabatte und geldwerter Vorteile gelang es dem fortschrittlichen Hotelier, einen Preis von 1649 Mark für einen Sylt-all-inclusive-Urlaub anzubieten. Das Problem ist nur: Der Preis versteht sich pro Tag. . .

Niederster Geiz auf hohem Niveau

Seit Urzeiten gilt Sylt als Eldorado der Verschwender. Hier ist der Überfluß zu Hause, hier feiert die Dekadenz Orgien. **Dicke Havannas werden mit Tausendmarkscheinen angezündet, tausend nackte Weiber baden in Champagner und in Kampen werden die Straßen im Winter mit tausenden geschredderter Austernschalen gestreut.** An diesem sexy Image haben wir jahrelang mit großen Mühen gearbeitet, und heute ernten wir die Früchte: Jeder Dummpaddel in Deutschland glaubt, es sei tatsächlich so!

Aber wie im richtigen Leben gibt es auch hier Widerstände, wollen einige immer gegen den Strom schwimmen, will der Kleingeist mit seinem Kleingeld der Verschwendung das Licht ausknipsen...

Als ich gestern meinen besten Freund und Nachbarn Olli besuchte (er wohnt schräg gegenüber) und auf die Klingel drückte, tat sich überhaupt nix. Kein Gebimmel, kein Gebammel – nur Totenstille. Nanu, dachte ich, was'n da los?!? Ich ging ums Haus und da saßen Olli und Meta fröhlich und total entspannt auf der Terrasse in der Sonne. Meinen Hinweis auf ihre wohl defekte Türklingel korrigierten sie lachend: „Nein, du Dodel, das ist eine Sparmaßnahme. Wir wollen unsere Stromkosten drücken und haben die Klingel abgestellt. Wer etwas von uns will, der findet uns auch so. Da bist du ja nun der beste Beweis."

„Aber da gibt es doch wohl ergiebigere Einsparmöglichkeiten," erwiderte ich, während meine Augen vergeblich den Kasten Feierabendbier suchten. „Wenn ihr zum Beispiel eure Marathon-Fernsehabende einschränkt, könntet ihr doch viel mehr Strom sparen!" Meta lachte glockenhell: „Davon sind wir ab. Fernsehen gibt es bei uns nicht mehr – Schluß, aus und Bingo! Wer was sehen will, der geht in den Fernsehraum der Kurverwaltung. Da gibt es auch diverse Tageszeitungen aus allen Regionen."

Während ich zwischen Staunen und Entsetzen schwankte, füllte Olli mir aus einer leuchttonnengroßen Thermosflasche einen Tee ein. Ich nahm einen kräftigen Schluck – und hatte im selben Moment das Gefühl, als ob mir ein Autozug durch die Gurgel rauscht. „Lecker, nich?" strahlte Meta, „das ist Chicoree-Tee. Der kommt aus Holland und ist sehr preiswert. Wie schmeckt er dir denn?"

„Wie ein aufgesetzter Kopfschuß," röchelte ich und kippte den Rest vom dem Mörderzeug in die Rosen, die seitdem frei von Läusen sind. Und noch bevor ich umständlich hinterfragen konnte, warum denn hier diese fundamentalistische Sparorgie ablaufe, erklärte Olli ganz begeistert: „Wir sind jetzt Mitglieder der holländischen Geizhalsbewegung. Mit deren Methoden ist es möglich, die üblichen Lebenshaltungskosten auf einen Bruchteil zu senken, sie quasi zu atomisieren!"

Meta wartete schon ganz erregt darauf, ihrem Mann ins Wort zu fallen: „. . .und stell dir vor: Wir duschen jetzt nur noch kalt und im Dunkeln. Du glaubst gar nicht, welche Unsummen man dabei sparen kann. (. . .und das Duschwasser wird aufgefangen und zu Chicoree-Tee verklappt, ihr Jecken. . .) Olli raucht jetzt nur noch Selbstgedrehte. Zigarettendrehen ist aber laut Satzung des Geizkartells ausschließlich mit dicken Fausthandschuhen erlaubt. Gestern hat er in drei Stunden nur eine Fluppe geschafft. Affengeil!"

„Macht ihr den Quatsch, um euren Urlaub zusammenzusparen?" fragte ich mitleidsschwanger. Olli lachte triumphierend: „Den blöden Disney-Land-Urlaub haben wir natürlich längst gestrichen. Immer mit der Düse durch Europa heizen, das gibt 'ne katastophale Energiebilanz. Da kriegst du später mal beim lieben Gott Abzüge in der B-Note. Nein, nein, wir gehen morgen zum Tag der offenen Tür bei der Müllabfuhr. Gucken, wie das geht mit der Müllkompostierung. Danach wollen wir dann ein wenig bei den Straßenbauarbeiten am Bahnhof zuschauen. Anschließend treffen wir uns mit Freunden im Rathaus. Da wird die Bürgermeisterin vereidigt."

„Ist das nicht langweilig?" wand ich ein. „Das schon, aber bei solchen Anlässen gibt es immer ein paar leckere Häppchen. Zum Tagesausklang lassen wir uns auf der Promenade vom kaukasischen Kurorchester die usbekische Nationalhymne vorspielen, und auf dem Heimweg überprüfen wir alle Telefonzellen nach vergessenem Wechselgeld. Genauso funktioniert nämlich Erlebnisurlaub auf Sylt: Essen und Trinken auf lau und mit 'nem bißchen Glück auch noch'n paar Mark Bares auf die Hand."

„Und übermorgen," quasselte Meta dazwischen, „reißen wir die Rosen 'raus und pflanzen Kartoffeln und Salat. Wir streben die totale Selbstversorgung an."

Olli wedelte derweil mit der blauen Bibel der holländischen Reduktionsfanatiker: „Genau, Meta! Morgens gibt es dann Kartoffelmarmelade mit Salathonig, mittags Bratkartoffeln mit Salat und am Abend Kartoffelwurst. Und wenn dann mal Salat überbleibt, trocknen wir ihn für kalte Wintertage. Dann können wir ihn als Tee trinken oder als Joint rauchen." Während Olli diese Perspektiven mit Begeisterung und rosa Erinnerungen an eine Jugend im Marihuanarausch vortrug, erlag auch ich diesem Sparfimmel und feuerte Salven brillanter Vorschläge ab: „Ein hohes Sparpotential verbirgt sich in den Heizkosten. Wenn man den Thermostaten so auf acht Grad runterschaltet, kann man im ersten Schritt locker um die 60% einsparen und nach dieser Abhärtungsphase die Heizung im Jahr darauf ganz abschalten."

Meta, deren Begeisterung auf einmal in üble Bedenkenträgerei mutiert war, maulte: „Aber dann kommt uns im Winter keiner mehr besuchen!"

„Bestimmt nicht mehr deine Bridgeschwestern," griente Olli, „aber dafür dann vielleicht Arved Fuchs, Reinhold Messner und Fräulein Smilla."

Weil ich plötzlich spürte, daß diese einvernehmliche und uns allen Hoffnung machende Sparunion mit Karacho gegen die Wand zu fahren drohte, schwätzte ich zügig weiter: „Kampfsparen und Gesundheitprophylaxe kann man auch ganz praktisch verbinden, indem man zum Beispiel bei Fahrten mit dem Bus immer eine Station vor der Zahlgrenze aussteigt und dann den Rest läuft."

Olli war hellbegeistert: „Das ist doch die Hammer-Idee! Meta,

wenn du Montag zur Beerdigung deiner Tante nach Hamburg fährst, dann steige bitte schon in Elmshorn aus. Dadurch sparen wir mindestens fünf Mark."

Während hinter Metas Stirn Mordgedanken grausamster Art Platz zu nehmen schienen, griff ich mir den holländischen Geizhals-Katechismus und blätterte aufgeregt darin herum. „Hier steht, daß bei alkoholischen Getränken das Preis-Dröhnfaktor-Verhältnis bei Bier am günstigsten ist. Olli, du Blindvogel, hast du das denn überlesen? Also, weg mit diesem ekelhaften Chicoree-Tee, bevor ich hier noch Amok laufe. Ich geh' jetzt und zerre mal eben eine Kiste Flens über die Straße, damit wir den schlechten Geschmack wegspülen können. Aber danach wird sofort weitergespart, koste es, was es wolle. . ."

Variationen meines Leibgerichts

Eigentlich erlebe ich, das geht ja den meisten so, die Vorweihnachtszeit viel schöner und intensiver als das Fest selber, weil, naja, die vielen Feiern, zu denen man so eingeladen wird, die berühren mich sehr stark. Denn meistens gibt es hier auf Sylt mein Lieblingsgericht: Grünkohl!

Manch ein Badegast will es nicht fassen, daß dieser im Garten keck herumlungernde Bio-Bonsai Teil der friesischen Nahrungskette ist. Aber genau wie die Pygmäen in Afrika geröstete Ameisen verputzen, um ihren Eiweißhaushalt zu regulieren, und die Eskimos Robbenblut saufen, weil es da oben wenig Glühweinstände gibt, so verfüllt sich der Insulaner erbarmungslos mit Grünkohl, um seinen Bedarf an Ballaststoffen zu decken. Denn in einer Portion Grünkohl steckt genau soviel Ballaststoff wie in zwei Quadratmetern Pressspanplatte!

Ein weiterer Reiz liegt in den vielfältigen Zubereitungsarten von Grünkohl. Jeder Ort, jeder Verein, jedes Grüppchen auf Sylt hat da so seine Tricks und Traditionen. In Kampen nahm ich neulich an der Weihnachtsfeier des Haus- und Grundbesitzervereins teil (das ist bei denen identisch mit einer Einwohnerversammlung.) Es gab – wen wundert's – getrüffelten Grünkohl. Dazu reichte man Jahrgangs-Champagner. Der Koch war von Versace eingekleidet worden und die Servicekräfte von Gucci und Armani. Für den Julklapp bat man um kleine Aufmerksamkeiten ab drei Karat. Den Festvortrag hielt Klaus Koehn zum Thema: „Kampen zwischen Tagestouristen und Steuerfahndung – Überleben in der Neidgesellschaft." Nachdem dann der Filialleiter der Raiffeisenbank die bestellten Flugtickets nach Luxemburg und Liechtenstein verteilt hatte, sind alle nach Hause gegangen und haben noch ein wenig mit den Grundbuchauszügen geraschelt.

Am nächsten Tag war ich bei der Weihnachtsfeier der Westerländer Bahnhofsmission. Da gab es – klatsch-bum und zack-zack – Grünkohl olivgrün aus abgelaufenen Bundeswehrbeständen, dazu Pfefferminztee bis zum Abwinken. Die Weihnachtstombola wurde vom Fundbüro der Bahn AG in Hamburg gesponsert. Ich habe eine Kiste angetrunkene und leere Flensburger sowie ein Paar Schwimmflügel gewonnen, die am 6. Juli im Samba-Express von Quickborn nach Westerland vergessen wurden.

Zwei Tage später nahm ich am vorweihnachtlichen Grünkohlessen im Westerländer Rathaus teil. Die Portionen waren echt sssupergroß, weil auf SPD-Antrag für diese Veranstaltung auf die Stellplatzrücklagen zurückgegriffen wurde. So hat man sich im Rathaus auch beim Grünkohlessen mal wieder so „durchgewurschtelt".

Noch mehr Freude hat mir die Einladung nach Hörnum bereitet. Die Kurverwaltung veranstaltete in Zusammenarbeit mit den Budenbetreibern am Hafen und der Hafenmeisterei ein zünftiges Grünkohlessen. Es gab Fischbrötchen in Grünkohl – vier Stunden gekocht, um die Rivalen in Rantum zu übertrumpfen, die sich mit nur drei Stunden zufriedengeben und deshalb in Hörnum als Rohköstler geschmäht werden. Zu Trinken gab es eine Palette Kümmerlinge und zwei Tonnen Kleine Feiglinge, alles konfisziertes Schmuggelgut aus der Asservatenkammer des Hauptzollamtes Hörnum. Beim Julklapp wurden, zur maßlosen Überraschung der Hörnumer Bevölkerung, 288 Salatschleudern verklappt. Die entstammten einem 78 000 BRT großen Containerfrachter, der 1978 auf Hörnum-Odde strandete. Obwohl seitdem sämtliche Tombolas, Lotterien und Verlosungen mit Salatschleudern ausgestattet werden, hat sich die Hörnumer Bevölkerung ihre grenzenlose Freude darüber bewahren können.

Sehr beeindruckt und tief bewegt hat mich das Grünkohlessen des „Fördervereins Homöopathie" in Sylt-Ost. Jeder bekam sechs grüne Pillen, von denen er alle vier Stunden je zwei verschlucken sollte. Außer Grünkohlsaft gab es nix zu trinken, dafür entdeckte aber der Arbeitskreis „Wünschelrute" eine Wasserader unter dem Vereinsheim. Nachdem die Teilnehmer vier Stunden lang Tarotkarten hatten legen müssen, litten sie an einer kräftigen Unterzuckerung und schwebten förmlich nach Hause.

Gerne wäre ich auch zum Jörg Müller gegangen und hätte seine neueste Jahresendcreation probiert, mit der er mal wieder locker zwei Sterne im *Gault Millau* abgeräumt hat: „Handgezupfter Grünkohl an Austern in Korrespondenz mit gewachtelten Eiern und einer Idee von terriniertem Landschwein." Aber weil mein Kontoführer bei der Sparkasse (quasi mein Vormund) mich eindringlich darauf hingewiesen hat, daß ein Girokonto keine Hängematte sei und ich doch endlich meine ökonomischen Suizidversuche einstellen solle, habe ich den Termin geschoben.

Zu einem Triumph wurde dann meine gestrige Teilnahme am Grünkohlessen des Sylter Brieftaubenzüchtervereins. Es ist eine schöne Tradition, daß alle fremden Tauben, die sich aus Dusseligkeit in den Tinnumer Schlag verirren, zum Weihnachtsschmaus gebraten werden. So gab es Renntaube „La Paloma" gefüllt mit Grünkohl. Leute, war das eine Freude! Ich stellte fest, daß mein Täubchen, das leider etwas zäh war (ca. 4000 Flugstunden), noch seine Briefkapsel am Bein trug. Aufgeregt öffnete ich sie und fand einen kleinen Zettel mit dänischer Inschrift – eine historische Sensation: „Ich greife im Morgengrauen an. Skol for Danmark! Christian IV, König von Dänemark. . ."

Folklore bretthart

Schlag doch mal die Reisemagazine und Urlaubsprospekte auf: Überall in der Welt werden menschliche Verirrungen zu folkloristische Attraktionen verquast, um damit dem toffeligen Urlauber das Geld aus den Taschen zu saugen. Dieses Feld gilt es auch auf Sylt zu beackern, da herrscht enormer Nachholbedarf. Vorbild sollte uns die Bahn AG sein. Der ist es gelungen, die Menschen auf dem Autozug derart durchzurütteln, daß Teilprothesen verschluckt werden, Toupets verrutschen und Nierensteine wie Kastagnetten klappern. Und dafür nehmen die noch Geld! Marketingmäßig ist das eine Glanzleistung, an der wir Insulaner uns orientieren sollten.

Das ganze Getue mit dem Weihnachtsschwimmen in Westerland beispielsweise muß endlich mal auf den Prüfstand. Zwar ist die Idee im Ansatz gut, aber einfach noch nicht knackig und rund genug. Weihnachtsschwimmen, das läuft folgendermaßen ab:

Weit über vierzigtausend Menschen würgen sich regelmäßig am 2.Weihnachtstag hastig den Braten herunter, in der Kirche werden die Gebete im Eilverfahren durchgepaukt, in den Kneipen noch hektischer getrunken als üblich, und selbst die Busfahrer der Verkehrsbetriebe achten sorgsam auf Pünktlichkeit, nur damit alle Welt nachmittags um halb drei dabeisein kann, wenn 80 blasse Hanseln in die Nordsee tapsen und sich für uns den Arsch abfrieren. So manch ein immunschwacher Selbstdarsteller fängt sich dabei noch 'ne Influenza ein und treibt unsere Krankenkassenbeiträge in die Höhe.

Um 14 Uhr 34 schnattern die Helden dann wieder in die Umkleidekabinen zurück und haben gemeinsam unter der Dusche bestimmt mehr Spaß als die inzwischen über hundertzwanzigtausend Weißfleischvoyeure draußen vor der Tür. Die denken alle, jetzt kommt Werbung, und lustig geht´s weiter. Doch das war's dann schon und unsere event-erfahrenen Snowboard-Kids der neuen Spaßgeneration beschließen daraufhin voll gefrustet: „Nie wieder Sylt im Winter – das ist ja Totentanz live!!!"

Und genau hier ist der Knackpunkt, genau hier müssen wir ansetzen, um neue Zielgruppen zu erschließen. Nehmen wir uns doch einmal ein Beispiel an unserer Nachbarinsel Grönland. Die Eingeborenen dort pflegen die zauberhafte Tradition, Eskimo-Rentner per Eisscholle zu entsorgen, sobald das Leistungsprofil nicht mehr stimmt oder es im Iglu zu eng wird. Es ist aus folkloristischer Perspektive ungeheuer reizvoll, wenn Eskimo-Opa und Eskimo-Oma auf ihrer Eisscholle so langsam aus der Bucht herausgleiten – Richtung Eisbärfelsen. Ein wunderschönes Fest verbinden die pelzigen Schlitzaugen mit diesem Brauch, in etwa vergleichbar mit einer Geburtstagsfeier, nur eben das Gegenteil, und noch lange klingen fröhliche Lieder über die Gletscher.

Unterschwellig haben die jungen Sylter schon seit Jahren die Idee, ebenso oder ähnlich zu verfahren. Wenn Opa Hansen oder Oma Paulsen nun schon seit zig Jahren die Rentenkassen ausräumen und durch gedankenloses Weiterleben in ihrem zauberhaften Häuschen das Erbe blockieren, dann ist die Zeit gekommen, sie auf ein ausgedientes Surfbrett zu setzen, schön gemütlich verpackt in einen rissigen Neopren-Anzug und ausgestattet mit einer Thermoskanne Glühwein als Reiseproviant. Der Musikverein spielt mit Schmackes „Muss i denn, muss i denn. . .", der Trachtenverein legt eine flotte Sohle hin, und mit einem kräftigen Schubs geht es dann ab in Richtung Fräulein Smilla.

Wenn wir diese herzerwärmende Tradition, die unserem Sylter Wesen doch so artverwandt ist, hier heimisch machen könnten, wenn wir dieses Fest zusammen mit dem Weihnachtsschwimmen zu einem großen, bewegenden Ereignis machen würden, dann wäre uns Medienaufmerksamkeit im Übermaß gewiß. Auch könnte man bei solch einem Vollprogramm guten Gewissens Winter-Kurtaxe kassieren, denn wenn der Syltgast eine starke Show geboten bekommt, verstummt auch das ewige Lamento über die paar

Mark Abgaben. Wenn wir uns so dem internationalen Wettbewerb stellen, dann können wir auch Quote und Kohle machen.

Doch um in der Elitelige der Winter-Urlaubsorte mitspielen zu können, muß sich zusätzlich noch einiges ändern. Der Weihnachtsmarkt vor dem Rathaus zum Beispiel ist die traurigste Veranstaltung seit dem Untergang der Titanic. Die wenigen Menschen, die sich dorthin verirren, ziehen ein Gesicht, als sollten sie gleich zur Blasenspiegelung. Eine Stimmung wie in Viscontis „Tod in Venedig" irrlichtert zwischen den Bretterbuden. Erheblich mehr Pep erhielte die Veranstaltung, wenn man dort auch Christmas-Bungee-Jumping anböte: Während sich unsere erlebnisgeile Jugend von einem zum Tannenbaum umgeschminkten Kran stürzt, kreischt es aus Tausend-Watt-Lautsprechern: „Vom Himmel hoch, da komm ich her." Wenn das Lied dann auch noch im Techno-Sound zerfleddert wird, gelingt es vielleicht über diesen Umweg, unserer atheistischen, hedonistischen Brut den Glauben an den Allmächtigen einzuflößen.

Spaß macht es zu beobachten, welch eine Wärme die Friedrichstraße in der Weihnachtszeit ausstrahlt. Die dort ausgeschenkten Glühweinmengen würden ohne Mühe den Bodensee füllen. Und mancher Kurgast hat dort schon erfahren, daß trotz abnehmender Artikulationsfähigkeit seine Sozialkontakte immer zahlreicher und vor allem intensiver wurden. Aber trinkt die heutige Jugend überhaupt quietschsüßen Punsch? Ach was! Die wollen Energy-Drinks oder bunte Cocktails!

Gelingt es uns nicht, mit einem gewaltigen Kraftakt jüngere Gästegruppen zu erschließen, dann droht uns bald die Übergreisung. Denn wenn Norbert Blüms Truppen, die Altersgruppe zwischen Frühverrentung und Pflegeversicherung, die Insel im Sturm übernommen hat, wird hier alles anders. Wenn man dann durch die Friedrichstraße geht und überall piept, klingelt und zirpt es, dann, Leute sind das keine amoklaufenden Handys und auch keine Kreditkarten, die über Marmor flutschen, nein, das sind dann die Rückkoppelungen der Hörgeräte. Solchen Mummelgreisen aber lassen sich die pfiffigen Brauchtümer der Eskimos nur schwer vermitteln. . .

Mein Halleluja-Profit-Center

Gott sei dank, der Festtrubel ist vorbei, die Mundwinkel können wieder runtergefahren, die aufgesetzte Freude und vorgetäuschte Dankbarkeit innerhalb der Familie kann stante pede eingestellt werden. Ein jeder rennt mit dem ihm aufgenötigten Sondermüll in die Geschäfte, um es gegen halbwegs Verwertbares umzutauschen. Die gelben Tonnen sind voll, die Konten leer und alle guten Vorsätze fürs neue Jahr entlarven sich schon in der ersten Januarwoche als grober Unfug und Lachnummer.

Still sitze ich hier und schaue erhaben auf ein Schlachtfeld menschlicher Unzulänglichkeiten herab. Das sind vorwiegend Problemfelder, die mir völlig fremd sind. Denn ich verschenke seit vielen Jahren zu Weihnachten nur noch Bargeld!! Bargeld lacht, also raus damit! Wes Gunst und Gewogenheit ich begehr, wird mit Scheinen zugeschüttet. Allerdings – ich nehme als Geschenk ebenfalls nur Bargeld an. Und da ich mich auch zum Christfest nicht über den Tisch ziehen lassen will, achte ich schon seit Jahren penibel auf Ausgewogenheit: Investitionen und Einnahmen müssen sich mittelfristig wenigstens die Waage halten. Bilanztechnisch war Weihnachten davor lange Zeit ein Verlustgeschäft für mich. Doch damit ist Schluß. Denn nun wollen wir den Standort Deutschland sichern, es gilt, im Zeichen des „Shareholder value" sein weihnachtliches Halleluja-Profit-Center zu pushen. Meine vorläufige Weihnachtsbilanz des abgelaufenen Jahres triumphiert mit einer Friedensdividende von 16%. Da lache ich doch über Telekom-Aktien.

Erreicht habe ich diesen Erfolg damit, daß abgehende Präsente das Limit von 300 Mark nicht übersteigen dürfen – sorgfältig abgestuft nach Wohlverhalten. Andererseits akzeptiere ich Geschenke erst ab 400 Mark. Wenn ich diese Geschäftsgrundsätze konsequent

einhalte, ist die Geschichte, das dürfte jedem einleuchten, ein Selbstläufer. Um Flüchtigkeitsfehlern oder Vergeßlichkeiten vorzubeugen, habe ich mir mittlerweile von meinen Angehörigen Einzugsermächtigungen erteilen lassen. Und für meine engsten Verwandten, Geschäftspartner und mir zugeneigten Mitarbeitern beim Bauamt, Ordnungsamt und bei der Polizei habe ich Daueraufträge geschaltet. All das ist bei mir unter Windows 98 auf der Festplatte abgespeichert. Am 24.12. habe ich mich von 11.24 Uhr bis 11.39 Uhr ins Internet eingedockt und – das dauert wirklich nur Sekunden – die Gelder umgeschaufelt. Danach war ich mit Weihnachten praktisch durch – ratzfatz!! Anschließend habe ich nur noch ein Protokoll ausgedruckt und es abends in mehrfacher Ausfertigung unter den Tannenbaum gelegt – bingo!!

Man macht mir immer zum Vorwurf, daß ich von meinen Kindern Geld als Geschenk fordere. Also, ich halte das speziell aus pädagogischen Gründen für sehr nützlich, weil die Kids über diesen Weg immer mal wieder daran erinnert werden, daß es eine Regelstudienzeit gibt und es doch langsam an der Zeit wäre, ins Erwerbsleben einzusteigen. Um den Druck zu erhöhen, bin ich dazu übergegangen, Ferienjobs in der Sylter Gastronomie aufzutun, damit mein hoffnungsvoller Nachwuchs bereits ab Juli ein angemessenes Weihnachtsgeschenk für mich ansparen kann.

Große Sorgen bereitet mir in dem Zusammenhang allerdings meine Frau. Jahrelang beharrte sie auf dem hoffnungslos vermoderten Standpunkt, daß mit Kölnisch Wasser und 'ner Krawatte dem Anlaß zu huldigen sei. Ich denke, das ist ein Standpunkt, der weder in die wirtschaftliche noch in die geistig-moralische Landschaft paßt. Ich habe daraufhin endlos lange Gespräche mit ihr geführt. Sie ist in der Gewerkschaft – das machte die Sache nicht einfacher. Es hat viele Tränen gegeben, bis sie dann endlich eingeknickt ist. Vor einem Jahr überreichte sie mir freudestrahlend den ersten Umschlag: 600 Mark – ich habe so getan, als ob ich mich freute über diesen lächerlichen Betrag. Für den folgenden Sommer habe ich ihr dann bei meinem Freund Olli 'nen Job besorgt: Appartement-Endreinigung. Sie sollte die Chance bekommen, ihre Sollzahlen ohne Androhung von Repressalien zu erreichen.

Dieses Jahr zu Weihnachten – ich öffnete aufgeregt den Umschlag, im Hintergrund tobte der Tölzer Knabenchor, ich stand bereits knöcheltief in Bargeld – und was fand ich vor? 900 Mark! Erschütternd!! Wieder nicht vierstellig! Meine Geduld war am Ende.

Als Konsequenz habe ich mit ihr schriftlich einen Gesprächstermin in der ersten Januarwoche vereinbart. Ich will ihr noch eine letzte Chance geben. Denn wenn meine Frau zusätzlich von Januar bis in den Mai Zeitungen vor dem Frühstück austrüge, dann hätte sie allerbeste Voraussetzungen, mir endlich ein Weihnachtsfest zu bereiten, das mich glücklich stimmt und mich – im besten Sinne des Wortes – bereichert...

Die Grünkohlbombe

Hab ich's mir doch gedacht: Ganz hinten im Kühlschrank, zwischen Aquavit und Aal in Aspik, versteckt sich doch tatsächlich noch eine Minipalette dänisches Juleöl, feistes Weihnachtsbier unseres normannischen Nachbarn mit einem verheißungsvollen Knallgasgehalt von 8,4%. Mit gieriger Gewalt zerre ich an der Beute herum. Krachend löst sich die Papp-Palette von den Kühlrippen und ich stürze nach achtern, den drallen Sixpack umklammernd wie eine junge Mutter ihren Säugling. So hat sich meine alte Forderung mal wieder eiskalt bestätigt: Man sollte regelmäßig, so alle paar Jahre, vor seinem Kühlschrank in die Knie gehen. Diese Demutsgeste verschafft einem Durchblick bis in die hintersten Ecken. Das Problem jedoch ist: Wie viele Jahre hat diese schäumende Konterbande bereits auf mich gewartet? Die Dosen befinden sich schließlich schon in der Metamorphose von der zylindrischen in die ballonförmige Gestalt.

Aber egal. Vor den Bauch geklemmt und rüber damit zu Olli. Der hat sturmfreie Bude, weil seine Weggefährtin Meta ihr Selbstverwirklichungswochenende zelebriert: Tangotanzen nach Didgeridoo-Musik. Zuvor hatte sie Olli verknackt, die Gästeappartements zu renovieren.

Und tatsächlich: Als ich drüben ankomme, jongliert er in seinem „Sunrise-Appartelino" auf der Leiter und schraubt neue Birnen in die Lampenfassungen. „Olli, komm' mal runter, ich habe da einige gut gekühlte Biere zu entsorgen."

Ein dankbares Aufleuchten huscht über meines besten Freundes Antlitz. Zittrig krabbelt er die Leiter hinab und knipst prüfend das Licht an. „Schau mal – es geht doch. Zwanzig Watt tun's auch. Warum denn protzige 60-Watt-Birnen im Gäste-Appartement? Das ist hier doch kein Solarium!"

Ich habe derweil schon die Bleiglas-Schüsseln und den Ikebana-Tischschmuck zur Seite geärmelt und die erste Dose aufgerissen. Ein Strahl dänischen Überdruckbieres ejakuliert erregt bis an die Decke und fällt dann wie ein isländischer Geysir in sich zusammen. So ist die Dose schon halbleer, noch bevor ich den ersten Schluck getrunken habe. Auch Olli, der schon geschlagene zwanzig Minuten seine Niederleistungsbirnen verschraubt, ist dankbar, endlich Pause machen zu können und saugt sich gierig die flüssigen Kopfschmerzen übers Zäpfchen.

„Sag mal, Olli," taste ich mich langsam an ein Tabuthema heran, „ich habe gehört, daß du nach der Biike schon wieder nicht am Grünkohlessen teilnehmen willst. Du scheinst seit einigen Jahren mit unserem geliebten Nationalgericht ein Problem zu haben. Willst du dich da nicht mal aussprechen – so von Mann zu Mann?"

Schon seit langem wird nämlich hinter vorgehaltener Hand gemunkelt, daß unser aller Freund Olli ein traumatisches, die Persönlichkeit umstülpendes Erlebnis gehabt haben muß, ein Drama, das ihn seit einigen Jahren daran hindert, an den inselweiten Grünkohlorgien teilzunehmen. Ja, es wird sogar kolportiert, daß er sich am 21. Februar mit Handschellen an die Heizung kettet, nur um nicht weich zu werden und dieser starrsinnigen Verweigerung treu zu bleiben. Und tatsächlich, nachdem eine weitere dänische Brachialinfusion ihre verheerende Wirkung getan hat, schildert Olli unter Tränen, was sich vor genau sechs Jahren zugetragen hat.

„. . .es war zur Biike 92. Unser Tontaubenschützenverein hatte im Vereinsheim in Tinnum wieder zum Grünkohlessen eingeladen. Naja, du kennst das doch, das ist immer eine gnadenlose Veranstaltung. Lutz Ewers, unser 2.Vorsitzender, hatte sich schon dreimal den Teller vollgefüllt. Mann, war der immer gierig auf dieses grüne Gezausel. Schwitzend und mit hochrotem Schädel stopfte Lutz die friesische Hohlraumversiegelung nebst den fettigen Beilagen in sich hinein. Und plötzlich – einige drehten sich schon geschmeidig nach Polka-Rhythmen – da kollabiert unser Vize mit großem Gepolter, 'nen ganzen Teller Schweine-

backe hat er noch mit sich gerissen, als er zum Finale unter den Tisch getaucht ist. Mensch, war das ein Gejapse und Getue, aber alles umsonst – der erste Ententanz war noch nicht verklungen, da hatte Lutz den Löffel abgegeben. Wir haben die Musik daraufhin pietätvoll leiser gedreht und das Fest am nächsten Morgen gegen drei würdig ausklingen lassen.

Als wir dann einen Tag vor der Beerdigung den organisatorischen Ablauf besprachen, stellte sich heraus, daß Lutz testamentarisch verfügt hatte, seebestattet zu werden. Seine Kinder vom Festland, die seinen Grabgang telefonisch eingefädelt hatten, wußten davon aber nichts, und nun lag Lutz lang in der Kiste und sollte sich quasi den Grünkohl von unten angucken, was er sich ja ausdrücklich verbeten hatte. Also haben wir, hinter dem Rücken der Familie, die Kiste im Anschluß an die Trauerfeier nach List gekarrt und auf unseren Tontaubenkutter umgeladen. Ja, und dann ging es mit Hurra und Karacho auf die offene See, wo wir Lutz wunschgemäß ins kühle Grab gesenkt haben. Aber nun fing die Katastrophe erst richtig an: Der Sarg schwamm auf wie ein Stück Kork! Wir hatten vor lauter Begeisterung vergessen, Lutz ein paar Bleiplatten als Ballast in die Hose zu schieben. Und dann," schnieft Olli und sein Blick wandert mit seinen Gedanken zurück „...dann haben die außergewöhnlichen Grünkohlmengen, die ja ein nur halbverdauter Bestandteil des Heimgegangenen waren, mit dazu beigetragen, daß dieses Erdmöbel einen ungewöhnlich starken Auftrieb bekam. Inzwischen war Lutz schon um 300 Meter abgedriftet und und mußte rein seerechtlich als steuerloser Gasdruckbehälter gelten.

Zu allem Überfluß sahen wir in dem Augenblick einen Zollkreuzer am Horizont auf uns zusteuern. Also haben wir alle unsere Tontaubengewehre angelegt, mit denen wir unserem Kameraden eigentlich hatten Salut schießen wollen. Statt dessen wurde Lutz nun mit seinem Eichenholz-Dingi zum Abschuß freigegeben. Dem Sieger wurde eine fette Belohnung versprochen. Wir haben 63 Versuche benötigt, bis ich, ausgerechnet ich, dann den finalen Volltreffer landete und er wie ... wie .. eine Seemine hochging."

Zwischenzeitlich liegt Olli hemmungslos schluchzend in meinem Arm. „Ja, mein Olli, ich verstehe, daß dich das belastet. Doch erzähle einmal, was hast du denn für einen schönen Preis bekommen? Lutz sein altes Tontaubengewehr oder eine Reise nach Peking oder was?"

„Nee," schnieft Olli und wirft seine Bierdose in den Papierkorb, „das ist ja mein Problem. Ich habe einen Gutschein bekommen: Grünkohl satt für zwei Personen in einem Restaurant meiner Wahl!"

Tante Eleonore hat Geburtstag

Unbestritten ist, daß triebgesteuertes Tun wie pausenlose Nahrungsaufnahme und zügellose Sexualität uns Insulanern am meisten Freude bereitet. Aber auch anderen Dingen, die das Leben auf engem Raum angenehm machen, geben wir uns gerne und aufopfernd hin. Dazu gehört das liebevolle Aussuchen von Geburtstagsgeschenken für die Verwandten allüberall im Lande. Wer da mit Klugheit und Geschick rangeht, kann bei dem Beschenkten Glücksgefühle auslösen, die unsereins nur durch maßlose Nahrungsaufnahme und hemmungslose Sexualität erreicht ...

„Was wollen wir Tante Eleonore denn nun zum Geburtstag schenken?" Die Frage meiner Frau rauscht durch die Wohnung und klammert sich bei mir wie ein Muskelkrampf zwischen die Ohren.

Tante Eleonore hat Geburtstag. Am Samstag, wenn die Bundesliga spielt. Sie wird 70, und wir müssen hinfahren. Nach Hamburg. Dabei geht bestimmt wieder ein ganzer Tag drauf – eine besonders perfide Form von Sippenhaft.

Mein Weib, ansonsten eher für die Antworten als für die Fragen zuständig, hat ein Problem artikuliert, das uns schon seit Tagen auf der Seele brennt: Wir müssen dringend ein repräsentatives Mitbringsel auftreiben, das unsere übliche Februarfinanzschwäche berücksichtigt, aber trotzdem die Würde des Tages spiegelt und im Wettkampf mit den anderen vier Neffen und Nichten nicht zur Lachnummer verkommt.„Ich denke, ein bunter Strunk Blumen, damit kannst du nix verkehrt machen," werfe ich verbal den Hut in den Ring.

„Ach, papperlapapp," schnattert es zurück, „wenn wir in Hamburg ankommen, sind die Blumenläden schon verrammelt. Und wenn wir den Strauß von hier mitschleppen, dann sind die doch matt und dröge, bevor wir da einschweben – dann kannst du das Zeug buchstäblich in der Pfeife rauchen."

Immer wieder staune ich über die facettenreiche Sprache meiner Frau. Woher hat sie das bloß?

„Hat Tantchen denn irgendeinen konkreten Wunsch geäußert?" versuche ich Zeit zu gewinnen.

„Sie wünscht sich eine Karte für das Maria-Hellwig-Konzert Anfang März in der Musikhalle. Bedingung aber ist, daß wir sie begleiten und in die Mitte nehmen."

„Das könnte dein Bruder Helmut übernehmen. Dem ist doch gerade erst das Gehör abgestürzt, so daß er gegen akustische Umweltverschmutzung resistent sein dürfte."

Meine Leidensgefährtin hat zwischenzeitlich neben mir Platz genommen. Ich falte die Zeitung zusammen, nehme die Beine vom Tisch und präsentiere meinen nächsten Vorschlag: „Wir haben doch noch von der Silberhochzeit diese alberne Salatschleuder. Die steckt ja sogar noch in der Originalverpackung. Das Ding pappen wir frisch in festliches Geschenkpapier und entsorgen es bei der Tante."

„Nee, das geht nicht," werde ich aufgeklärt, „das Plastikmonster ist von Paul und Pauline, und die kommen Ostern zu Besuch. Dann müssen wir doch mit dem Gerät rumkaspern, sonst sind sie wieder beleidigt – wie damals bei dem Tischfeuerzeug aus Bleiglas. Aber ich sage dir, kaum klappt hinter denen die Tür zu, fliegt das Ding in die gelbe Tonne!"

„Sag' mal," meine ich darauf mit vor List und Tücke knarzender Stimme, „warum überhaupt kaprizieren wir uns so sehr auf materielle Dinge? Tantchen leidet keine Not und als regelmäßige Kirchgängerin wird sie sich bestimmt über ein Geschenk freuen, das eher den Charakter einer Geste besitzt. Wir könnten mit ihr den Ohlsdorfer Zentralfriedhof besichtigen. Da tobt im Frühling das pralle Leben! Anschließend trinken wir noch gemeinsam einen Kaffee, und dann wuppen wir sogar noch den Nachmittags-Intercity auf die Insel!"

Doch meine Zuckerschnute reagiert säuerlich: „Sag mal, bist du vollkommen plemplem, hast du 'ne Unterzuckerung? Im vergangenen November hat Tante Eleonore drei Stunden in Eiseskälte Schlange für dich gestanden, um dir Karten für das Spiel St. Pauli gegen Bayern zu besorgen. Und jetzt willst du sie zum 70sten über den Gottesacker schleifen??? Das mach' du mal, aber wundere dich nicht, wenn sie die diplomatischen Beziehungen zu dir abbricht."

„Jetzt habe ich die Super-Idee! Wir lassen sie im Wunschkonzert des NDR grüßen, in dieser gerontologischen Hard-core-Sendung. Am besten schreibe ich gleich mal einen netten Brief und drohe im Ablehnungsfall mit dem Wechsel zu RSH, damit der Moderator die Dringlichkeit richtig einschätzt. Bei der Behäbigkeit der Öffentlich-Rechtlichen sollten wir die Aktion aber vielleicht von vornherein auf den 75. Geburtstag verschieben."

In diesem Moment, ohne Vorwarnung, scheppert das Telefon. Meine schnellfüßige Anrufbeantworterin springt auf und meldet sich: „Hallo, Tante Eleonore, das ist ja toll, daß du anrufst! Stell dir vor, wir sprechen gerade von dir. . . ja, wir freuen uns schon wahnsinnig auf die Fahrt zu dir nach Hamburg. . . .was? Wir brauchen nicht zu kommen?!? Du kommst zu uns nach Sylt?!? Das ist ja 'ne Überraschung! Ja, das Gästezimmer ist frei. Was . . . nur zwei Wochen willst du bleiben . . . und eine Freundin von deinem Bridge-Club bringst du auch mit?!? . . . Nein, das ist kein Problem – Manfred und ich ziehen so lange in die Gartenlaube. Wie . . .was . . . ist das wahr?!? Maria Hellwig singt nächste Woche im großen Kursaal . . .und du lädst uns dazu ein?!? Ja, Manfred freut sich auch . . . er ist schon ganz blaß vor Glück. . ."

Ein Freund, ein guter Freund

Man sagt den Küstenbewohnern nach, daß sie wortkarg seien, emotional unterbelichtet und Sozialkontakte mit ihrer Umgebung nur nach Einnahme erheblicher Alkoholmengen zu pflegen beginnen – dann aber hemmungslos und nicht selten bis hin zum Austausch von Körperflüssigkeiten. Es fehle ihnen, so die üblichen Verleumdungen, nicht nur die Schönheit mediterraner Menschen, der Humor der Rheinländer, sondern auch der Charme des Franzosen und vor allem die Barmherzigkeit des bekennenden Christenmenschen. Das sind alles Unterstellungen, üble Ehrabschneidungen, die uns wehtun und scharenweise in obskure Therapiegruppen treiben. Dabei ist genau das Gegenteil ist richtig: Der Sylt-Friese ist empfindsam und leidensbereit. Jeden Abend weint er sich in den Schlaf, weil all die anderen Menschen nicht so prächtig sind wie er selbst. Ehrlich!

Es war Mittwoch oder Donnerstag der vergangenen Woche – aber das ist jetzt auch irgendwie egal. Ich war drüben bei Olli, um ihm seine VW-Pritsche zurückzubringen. Den Wagen hatte er mir geliehen, damit ich meinen alten, vergammelten Strandkorb entsorgen konnte. Den habe ich der Einfachheit halber nachts vor das Magazin der Kurverwaltung (Fun and Wellness Company) gekippt. Da hatte ich ihn her und da sollte er auch wieder hin. Die dadurch gesparten Müllgebühren hatte ich dann in eine Kiste Flensburger investiert, und die wiederum wollte ich nun gemeinsam mit Olli aussaugen.

Schnell geraten wir in einen mentalen Schwebezustand, indem wir komplizierte Gedanken in doch sehr einfache Wort kleiden können und unsere Sprache durch schlichte Bedächtigkeit besticht.

Plötzlich fährt draußen ein Auto vor. Meta kommt von ihrem wöchentlichen Aldi-Feldzug zurück. Diesmal hat sie sich einen

Pentium-Computer gegönnt, damit sie zukünftig ihre beiden Bonsai-Appartements besser verwalten kann. Draußen klappt die Autotür, dann knallt die Haustür und eine aufgeregte Meta vermeldet: „Stellt euch vor, was ich gehört habe: Jan Cohrs aus Tinnum hat einen Autounfall gehabt. Er ist in die Klinik eingeliefert worden!"

„Um Gottes Willen!" Starr vor Entsetzen reißen wir uns ein frisches Bier auf. „Jan Cohrs verunglückt?" verschluckt sich Olli. „Das gibt's doch nicht. Der fährt doch immer so vorsichtig. Ich glaube, seit 30 Jahren ist der schon unfallfrei." Ich nicke mit einem weinenden und einem betroffenen Auge: „Und er hat auch so 'nen guten Charakter. Er grüßt immer nett und hat zu seinem fünfzigsten Geburtstag eine großzügige Spende für den Küstenschutz abgeliefert."

„Und überhaupt," meint Meta, während sie die Resultate ihres Kaufrausches in den Kühlschrank preßt, „er trennt auch seinen Müll immer sehr sorgfältig. Aber das ist ja das Tragische. Die Besten trifft es immer zuerst: Letztes Jahr Lady Di und nun Jan Cohrs."

Auf einmal kaspert das Telefon. Olli reißt den Hörer von der Gabel: „. . .jaja, wissen wir schon – Jan haben sie plattgemacht – armes Schwein – was, betrunken war er? Mindestens zwei Promille? Und das am hellichten Tag – alter Saufkopf – jaja, danke und tschüss!"

Olli wirft den Lauschknochen zurück auf die Gabel, nimmt einen kräftigen Zug, rülpst, daß der Sittich von der Stange fällt, und meint mit rotgeäderten Augen: „Recht geschieht's ihm! Besoffen Auto fahren, wo kommen wir denn da hin? Dem sollten sie den Lappen für alle Ewigkeit abnehmen. Hoffentlich rappeln sie ihm jetzt sein Punktekonto in Flensburg voll!"

Reaktionsschnell stelle ich mich auf die veränderte Lage ein: „Wieso fährt der überhaupt so ein dickes Auto? Das kann der sich doch eigentlich gar nicht erlauben. Dabei fällt mir ein: Ob die beim Kreisbauamt schon von seiner ausgebauten Garage wissen?"

Auch Meta, die gerade mit dem Steakmesser den Computerkarton aufschlitzt, schwenkt nun um: „Dieser Jan ist aber auch heftiger

Schluckspecht. Seine Leberwerte sollen erheblich höher sein als sein Intelligenzquotient. Und in der letzten Zeit guckt der auch so verschlagen. Ich habe manchmal den Eindruck, der macht krumme Geschäfte."

Zwischenzeitlich hat Olli seinen weggeschlafften Sittich aus dem Hängestall gezerrt und ihn mit einem kräftigen Wasserstrahl reanimiert. Der dankt es seinem Herren mit einer kehligen Piepssalve, die ungefähr so klingt wie ein unwuchtig laufender CD-Player. Doch nicht genug der Fürsorge: Damit sein kleiner, grüner Freund aus Amazonien keinen Husten bekommt, klebt Olli ihn mit einem kräftigen Strip Tesa-Film auf die Heizung: Hohe Luftfeuchtigkeit und Saunatemperaturen – das mögen diese kleinen Milbenträger, dafür sind sie genetisch bestens gerüstet.

Plötzlich fliegt die Tür auf, und Jan-Erik kommt herein, ältester Sohn von Meta und Olli. Er absolviert gerade seinen Zivildienst beim Deutschen Roten Kreuz und ist ein wirklich feiner Kerl, so ganz aus der Art der Alten geschlagen: „Stellt euch vor, ich habe heute einen ganz tragischen Einsatz gehabt. Jan Cohrs aus Tinnum ist verunglückt. Er ist doch seit kurzem schwer zuckerkrank und hat sich mit der Insulindosierung vertan. Das hat ihn vollkommen verwirrt, und er ist dann gegen eine Gartenmauer gedonnert. Aber er war angeschnallt. Besucht ihn doch mal auf der Chirugie. Da freut er sich dann bestimmt."

„Das ist doch Ehrensache," deliriert Olli, „er ist ja schließlich mein zweitbester Freund. Am besten, ich fahre jetzt gleich mal bei ihm vorbei, muß ja sowieso 'ne neue Kiste Bier vom Getränkemarkt holen. Ich brauche, hicks, nur noch jemand, der mir beim Einsteigen hilft. . ."

Sieg der Paparazzi

Ich hab' ja nun ein neues Auto, obwohl das alte, das lief ja noch ganz gut, aber dann ist da mal was dumm gelaufen, naja, und das war's dann. Zum Glück ist so ein Auto ist ja hochgradig recyclefähig. Das wird eingeschmolzen und dann machen die da irgendetwas Nützliches daraus: Computerplatinen, Dildos oder Bewegungsmelder. Auf diesem Wege kannst du dich schnell trösten, wenn du dein Auto unverhofft und kurzfristig der Wiederverwertung zuführen mußt: Okay, es war zwar nicht so geplant, aber immerhin, es wird die Menschheit ein gutes Stück voranbringen.

Unser neues Auto sollte so'ne Ökokiste werden, ein Dreiliterauto, so ein richtiger Schrubber für Gutmenschen, ein Lilalatzhosenturbo, mit dem man vom Nordcap bis Sizilien durchbrettern kann – mit nur einer Tankfüllung. Andererseits, haben wir uns dann überlegt, es treibt uns weder zum Nordcap noch nach Sizilien, weil entweder frierst du dir den Arsch ab oder es drohen Hitzepickel.

Also haben wir uns einen Gebrauchten gekauft, quasi ein Auto, das schon mal gelebt hat, mit einer eigenen Biographie und wahrscheinlich sogar mit einem speziellen Charakter, sprich Macken, ausgestattet ist. Bange Frage: Wird es uns mögen, wird es uns akzeptieren als neue Besitzer, als Herren und Meister oder gar als Freund und Partner? Aber wozu spekulieren?

Wir wollten's einfach mal drauf ankommen lassen und sind rüber auf's Festland, um ein wenig durch Dänemark zu huschen und dann auf unseren Hochleistungsstraßen an die Grenzen zu gehen.

Nachdem uns der Autozug über den Damm geschleppt hatte, habe ich meinen neuen Partner durch die plattdeutschen Dörfer und Auen geheizt: Es war die blanke Freude!

Man hat bei einem neuen Auto oft das Gefühl, daß es mit einem sprechen will, daß es mit vielfältigen und ach so unterschiedlichen Geräuschen den Dialog sucht, die kreative Auseinandersetzung. Und diese Geräusche, das weiß nur der erfahrene Automobilist, können in drei Gruppen eingeteilt werden: A = lustig, B = weniger lustig und C = oh shit, rechts ran, wo ist die Nummer von der Werkstatt?!?

Das erste Geräusch des Second-Hand-Schlittens erinnerte mich an den Kastagnettenkurs an der Volkshochschule, ein ekstatisches Geklapper und Geknatter – spanische Sonne und roter Wein. Implodierte mir der Bordcomputer oder lösten sich die Radmuttern? Nein, die vier nicht genutzten Anschnallgurte torkelten trunken hin und her und schenkten uns eine Klabasterkaskade, als wenn ein Trabi über Kopfstein hoppelt.

Unseren Fremdgeräusch-Supergau jedoch erlebten wir in Dänemark, unserem königlichen Nachbarland, das wir kurz touchierten, um unseren Boliden auch im niedrigen Geschwindigkeitsbereich kennenzulernen. Erst schien alles normal. Meine liebe Frau meinte zwar, sie hätte im hinteren Bereich des Autos Hundegebell gehört, aber ich konnte sie beruhigen: Zwar war das Auto vom Vorbesitzer her noch fingerdick mit Hundehaaren ausgestattet (wie eine geschredderte Kamelhaardecke), aber ich war mir ganz sicher, daß es zum Bellen dann doch nicht gereicht hat.

Als wir irgendwann die Lüftung einschalteten, überraschte uns ein Geräusch, das sich ungefähr so anhörte, als ob sich jemand die Fingernägel im Ventilator schneiden läßt. Ich habe daraufhin mit meinem Schweizer Offiziersmesser die Innenverkleidung demontiert und 211 Parkscheine vorgefunden, die fröhlich im Gebläse herumschnatterten.

Nach zwei Stunden ging es zügig weiter. Wir tauschten uns gerade spottsprühend darüber aus, daß unsere Liebe und Zuneigung zu den Dänen durch deren autofahrtechnische Originalität immer wieder gnadenlosen Härtetests unterzogen wird, da plötzlich schreckte uns ein heulender Ton auf. Ich voll in die Eisen und rechts ran. Whoooooww?!? Was war das? Platzte mir der Motor? Klemmte mir der Turbo oder waren wir in ein Manöver der königlichen Garden geraten? Ich rannte um das Auto herum, trat gegen die Reifen und leuchtete in den Auspuff. Nix. Wir fuhren weiter. Abermals heulte es auf. Genug! Ich überließ meiner Frau das Steuer und lief neben dem Auto her, um so dem fiesen Ton auf die Spur zu kommen. Und tatsächlich, nach schlappen 14 Kilometern, die Zunge hing mir wie eine Krawatte heraus, kam ich dem Übel auf die Spur: Dänische Landstraßen werden rechts durch einen weißen Seitenstreifen begrenzt. Der ist in sich fein geriffelt. Und wenn man da so leicht drömelig drüberfährt, dann ergibt das einen Heulton, als wenn bei Howaldt in Kiel Schichtende ist. Ich weinte mich ob dieses Erlebnisses erst einmal ein wenig aus, ärmelte dann aber über meine nassen Augen und übernahm erneut das Steuer – zwecks Aggressionsabbaus.

Wir waren schon auf der B 199 Richtung Heimat, da vermeldete meine Co-Pilotin ein stetes Klack-klack-klack im hinteren Außenbereich. Ich beruhigte sie mit dem Hinweis, daß das nur ein im Reifenprofil verklemmter Kieselstein sein könne. Und ich wolle ihr einmal zeigen, wie man so etwas entfernt, ohne die Fahrt zu unterbrechen. Da müsse man sich einfach nur, dozierte ich weiter und schaltete derweil in den fünften Gang hoch, der Zentrifugalkräfte bedienen. Wenn wir gleich bei 180 seien, dann gäbe das einen kurzen, finalen Klack im Radkasten und das Problem habe sich erledigt.

Anstatt mich wegen meiner physikalischen Kompetenz zu bewundern, verwies mein Teufelsweib darauf, daß wir uns bereits in Unaften und somit in einer geschlossenen Ortschaft befänden. Doch ich wandte ein, daß ich dem ja nun wirklich keine Bedeutung beimessen könne, schließlich sei das ja nur eine unverbindliche Empfehlung der unteren Straßenaufsichtsbehörde. Nein, sie solle lieber fein die Ohren spitzen, denn gleich mache unser Steinchen „Plong!"

Doch auf einmal, während draußen Unaften im Zeitraffer vorbeizappte, machte es „Zooong" wie im Paßbildautomaten am Hamburger Hauptbahnhof. „Oh," lachte meine Imageberaterin

daraufhin mit betörender Weiberhäme, „nun lächle doch: Das waren die Paparazzi mit den schicken Uniformen. Von dem Bild besorge ich mir 'nen Abzug. Ich denke, die nächste Zeit wird mir das Auto nun uneingeschänkt zur Verfügung stehen. Und wenn du die nächsten vier Wochen zum Abkaspern in den Alten Kursaal fährst, dann nimm doch das Fahrrad. Da wird sich wohl kein Kieselstein im Profil verklemmen. . ."

Gut Beraten

Die Geschichte beweist nachhaltig, daß vor allem diejenigen die richtigen Entscheidungen trafen, die kompetente und qualifizierte Berater hinzugezogen hatten. Hannibal zum Beispiel ließ sich von den gelben Engeln des ADAC sicher über die Alpenpässe lotsen. Berti Vogts läßt sich seit einiger Zeit von seinem Architekten beraten, der ihm empfahl, die Räume zu verengen, und hätte der Titanic-Kapitän nicht auf seinen Barkeeper gehört: „Eis..?.. Eis gehört in den Whisky," der erfolgreichste Film aller Zeiten wäre nie gedreht worden.

Die Epoche, in der einsame Kopfgeburten rücksichtslos durchgesetzt wurden, ist vorüber. Heute ist der Mensch nur noch im Team zum Siege fähig. Meinen Sie etwa, ich schreibe diese Geschichten ohne Helfer? Nix da, den Einstieg, also das Schwierigste, den überlasse ich stets meiner Frau. Ich fülle derweil die Geschirrspülmaschine. Darin bin ich geschickter als sie.

Zum Saisonbeginn strömt Deutschlands vorpupertäre Jugend auf die Insel, um im Rahmen ritueller Strandfeten den Umgang mit der Volksdroge Alkohol zu erlernen. Es gilt zu beweisen, daß Strandkörbe einen hohen Heizwert haben und nicht nur Fakire auf Glasscherben laufen können.

Doch die Sylter haben längst aufgerüstet, um diesen Nivea-Hooligans Einhalt zu gebieten. Wichtig für den Erfolg ist natürlich, daß man sich der richtigen Berater bedient. Schumi zum Beispiel, dieser dummschwätzende Kiesbettzerwühler aus Kerpen-Ost, befürwortet das sofortige Einschläfern derartiger Strolche. Damit hat er sich als Berater für Sicherheitsfragen eindrucksvoll etabliert. Nur ist zu befürchten, daß ein Beratervertrag mit diesem in jedes Mikrofon beißenden Benzoljunkee an seinen Honorarforderungen scheitern würde. Auch entspricht es eher dem nach Ausgleich suchenden Sylter Wesen, aufkommenden Hooliganismus durch Waldorfschulabsolventinnen mit Schleiertanz niederzukämpfen.

Noch ein guter Rat: Wie wäre es, wenn die Beachworker im Rahmen ihrer Deeskalationstaktik Patenschaften vermittelten? Denn die durch häufigen Verzehr wohlfeilen Rotweins verwahrlosten und übellaunigen Jugendlichen gieren ja nur nach einer kräftigen, väterlichen Hand oder warmherzigem, mütterlichem Zuspruch. So manches Urlauberpaar, gut situiert, auf der Suche nach neuen, sinnstiftenden Lebensinhalten, wäre sicher dankbar, Verantwortung für so einen gepiercten Springinsfeld zu übernehmen. Ach, wäre ich doch nur Berater, und würde man doch nur auf mich hören!

Ohne Beratung allerdings kommt die Straßenverkehrspolitik der Stadt Westerland aus. Vor einigen Jahren wurde beschlossen, den ruhenden Verkehr, sprich: die Falschparker, zu kontrollieren und abkassieren. Durch aberwitzige Ampelschaltungen, halsbrecherische Fahrbahnverengungen und kuriose Veränderungen der Verkehrsführung ist es unterdessen gelungen, den Autoverkehr soweit zu beruhigen, daß er meist völlig zum Erliegen kommt.

Dringend kluger Tips bedarf der Impresario des Meerkabaretts, Matthias Kraemer, wenngleich ihm amtlicherseits bescheinigt wurde, daß er sich dumm und dämlich verdiene. In Kraemers Team gehört ein ausgefuchster Finanzberater – und gottlob haben wir so einen auf Sylt: Jürgen Gosch, den Plattfisch-Papst von der Lister Packeisgrenze. Gosch fällt seit einiger Zeit wegen seines schleppenden Ganges auf – ein Leiden, das er sich zugezogen hat, weil er immer im knöcheltiefen Bargeld watet. Grundregel Nr. 1, so lehrt der Meister der Geldvermehrung: Die Tageseinnahme wird abends in Plastiktüten nach Hause getragen. Und wenn man mal überfallen wird, dann der Polizei oder Presse gegenüber immer nur so circa zehn Prozent der tatsächlichen Summe angeben, das Finanzamt in Leck könnte sich andernfalls erschrecken.

Unwahr ist übrigens, daß die roten Werbesäulen des Meerkabaretts von Herrn Kraemer heimlich als Appartements an Badegäste vermietet werden. Wahr ist dagegen, daß in diesen Säulen das Küchenpersonal des Meerkabaretts übernachtet! Dringender Rat also an alle Autofahrer: In der Nähe der roten Werbesäulen bitte nicht so laut hupen, weil der Koch sonst schlecht träumt und am nächsten Tag die Morchelcremesuppe versalzt!

Die Mühsal des Erbschleichens

Die Möglichkeiten, zu Geld, Wohlstand und somit zu hohem Ansehen zu kommen, sind vielfältig. Man kann Fischbrötchen verkaufen, eine Bank ausrauben, reich heiraten oder tüchtig erben. Wobei die Sache mit der Erberei gar nicht so einfach ist, wie vielfach angenommen wird. Denn man muß sich – wenn's dumm läuft, sogar über Jahre oder Jahrzehnte – die Zuneigung des Erblassers erhalten. Das führt immer wieder zu grotesken Situationen. Wenn man z. B. Onkel oder Tante oder welchem Subjekt der Begierde auch immer, zum Geburtstag noch viele schöne Jahre wünscht, tief im Inneren jedoch schon die Champagnerkorken bei der Testamentseröffnung im Notariat knallen hört...

Es war mal wieder ein Brief mit der Wirkung eines Meteoriteneinschlages, ein Brief, der als gesichert betrachtete Lebensentwürfe zertrümmert, das Heute verwüstet und dem Morgen das Grauen überstülpt: Großtante Innozenzia aus Altötting schrieb und kündigte ihr Kommen an!

Tante Innozenzia ist unser erzkatholisches Familienfaktotum, natürlich unverheiratet, bibelfest und Inhaberin einer Devotionalienhandlung im Schatten oberbayerischer Klostermauern. Ihre bisher weitesten Reisen führte sie in den Vatikan zum Heiligen Vater und nach Lourdes, um geweihtes Wasser wegzuschleppen.

Die Diaspora jedoch, Gegenden, in denen nur eine krümelige Minderheit den Katholizismus zelebriert, meidet sie wie der Teufel das Weihwasser und nach Sylt, zu ihrem Großneffen, ist sie folglich noch nie gefahren. Die alte Schachtel ist überzeugt – und schlägt jedesmal das Kreuz, wenn sie nur darüber spricht –, daß da oben auf dieser Insel alle nackt herumliefen und wegen eines Besuches in diesem Sodom und Gomorrha wolle sie nicht irgendwann später mal im Fegefeuer schmoren.

Aber in all den Jahren hat sie mich, ihren Großneffen, der durch die Ungnade des falschen Geburtsortes dem Lutherschen Banausentum anheim gefallen ist, trotzdem nicht vergessen. Zur Hochzeit schenkte sie mir und meinem Weibe eine Bibel mit handschriftlichem Begleittext ihres Haus- und Hofprälaten, zum Hochzeitstag bringt sie sich stets per Fleurop-Dauerauftrag mit einem Alpenveilchen in Erinnerung und zu Weihnachten, eigentlich ja ein Fest des Friedens, teilt Innozenzia uns regelmäßig mit, daß sie das Abonnement für den Bayern-Kurier, das sie mir ungefragt auf mein linkes Auge gedrückt hatte, großzügig verlängert habe.

Wir ertragen diese verwandtschaftlichen Terroranschläge mit Langmut, denn Tantchen besitzt ein Traumhaus am Starnberger See – und wir sind allem Anschein nach die einzigen in Frage kommenden Erben. Um den moralisch-ethischen Anspruch auf das Grundstück nicht zu verspielen, gaukeln wir unserer Muhme gern hehren Charakter vor. So schenkten wir ihr kürzlich eine Großschriftausgabe von Theodor Storms „Schimmelreiter". Und wenn seither die Wetterkarte Sturm an der Nordseeküste vermeldet, ruft Tantchen besorgt bei uns an und fragt, ob wir noch leben und ob die Deiche halten. Ich erzähle ihr dann jedesmal, daß ich gerade vom Katastropheneinsatz komme und die ganze Nacht Sandsäcke geschleppt hätte. So etwas kommt im Alpenvorland ganz stark rüber, damit kann man als potentieller Erbneffe Punkte machen, denn graues Haar liebt nun mal Helden.

Doch nun, so schrieb Tante Innozenzia, leide sie – der unablässigen Wallfahrerei zum Trotz – an einer Schilddrüsenunterfunktion und daher wolle sie sich für vier Wochen bei uns einquartieren, um sich mal kräftig mit Nordseejod vollzupumpen.

Entsetzt ließ ich den Brief sinken und schaute meine Miterbin blaßwangig an: „Mädel, wir kriegen da ein Problem. Wenn Tantchen kommt, soll ihr alles zum Wohlgefallen gereichen. Das bedeutet: Wir müssen unsere Sprache von Anglizismen, vor allem aber von modernen, fortschrittlichen Ansichten und Formulierungen säubern, wir müssen unsere Wohnung umräumen und unsere Lebensgewohnheiten vorübergehend variieren – aber gewaltig!" Wir fielen uns in die Arme und versicherten uns unter Tränen, diese schwere Prüfung gemeinsam bestehen zu wollen. Dann setzten wir uns an den Küchentisch, nahmen Zettel und Bleistift und begannen, ein Krisenbewältigungs-Szenarium zu entwerfen.

„Also zuerst einmal die wichtigen Dinge: Alle Pilsvorräte vernichten und gegen Weißbier durchtauschen. Dann muß der Spiegel dringend von der Schlafzimmerdecke abgeschraubt werden. Andernfalls könnten wir bei Tantchen in heillosen Erklärungsnotstand geraten."

Meine Leidensgenossin blätterte derweil im Kalender, stirnrunzelnd begreifend, welch endloser Zeitraum vier Wochen sein können, zumal unter dem Joch bajuwarischer Fremdbestimmung. „Auf keinen Fall dürfen wir vergessen, mit dem Briefträger zu sprechen, damit er die regelmäßige Zustellung des Bayern-Kuriers wieder aufnimmt." Richtig. Wir hatten den Postbüttel mit 50 Mark belohnt, damit er das Stoibersche Kampfblatt immer gleich in die grüne Tonne haut. „Und heute nachmittag fahre ich schnell noch zum Friedhofsgärtner, um eine Palette Alpenveilchen zu besorgen. Vielleicht hättest du die doch nicht gleich alle schreddern und kompostieren sollen."

Die nächsten Tage steckten wir bis zur Halskrause in Arbeit. Durch eine Spende in ungenannter Höhe bewegte ich den Westerländer Alpenverein dazu, die Wegstrecke vom Bahnhof zu unserer Behausung mit zwei Kruzifixen, so richtig superfolkloristische Marterln, zu schmücken, damit's Tantchen sich heimisch fühlt im fernen Friesland. Außerdem fiel uns ein, daß ihr seit Jahren schon das Treppensteigen Müh' und Weh' bereitet. Dieses Handicap mußten wir zu einem Akt gelebter Mitmenschlichkeit verbraten. Also habe ich meinen Bausparvertag vorzeitig gekündigt und in unserem Haus einen sauteuren Treppenlift montieren lassen. Diese Geräte, die in den Rundfunkzeitschriften so massiv beworben werden, haben mich schon immer fasziniert. Das sind ja nicht nur treppenhäusliche Gerontologen-Geisterbahnen, nein, damit kann unsereins auch bequem sein Bier aus dem Keller vor den Fernseher schleppen lassen, ohne daß einem gleich die Bandscheiben aus der Wirbelsäule zwitschern.

Unseren Nachbarskindern, St.-Pauli-Fans der härtesten Sorte, bot ich einen Hunderter an, damit sie während Tantchens Anwesenheit ab und an mal mit einem blauroten Bayern-Schal ums Haus tobten. Die gaben mir jedoch zu verstehen, daß sie einen derart obszönen Deal bei jedem anderen Verein gemacht hätten. Doch mit den Bayern zu fraternisieren, koste leider einen Ekelaufschlag von weiteren hundert Mark sowie vier Wochen Freifahrt mit dem neuen Treppenlift. Zusätzlich verlangten die Blagen noch Zigarettengeld von mir, damit sie stilgerecht als Mario-Basler-Kopie den Bolzplatz vollaschen könnten.

Von Loden-Frey aus München ließen wir uns eine Erbschleicherkollektion bestehend aus Kniebundhose, Samtweste, sowie Dirndlkleid mit weißen Strickstrümpfen zusenden. Die gesamte Wohnung wurde weiß-blau-rautig umtapeziert und im Kühlschrank lauerte nun Weißwurst statt Matjesfilet und Leberkäs statt Lammkotelett. Die Show kostete uns zwar ein Schweinegeld, aber das Haus am See war dadurch schon so gut wie geerbt.

Einen Tag vor der verabredeten Ankunft kam dann ein zweiter Brief: „Ihr Lieben da oben im Norden. Gerade erfahre ich von meinem Reisebüro, daß der Zug von München bereits in Hamburg endet. Um weiter auf Eure Insel zu kommen, müßte ich dort umsteigen. Aber das, Gott behüte, ist mir in meinem Alter nicht mehr zuzumuten. Ich habe mich deshalb mit meinen Prälaten beraten, und wir sind zum Schluß gekommen, daß ich mit dem Kirchfrauenverein doch wieder mit dem Bus nach Lourdes fahre. Seit ich mein Haus am Starnberger See der Kirche überschrieben habe, darf ich bei allen Ausflugsfahrten vorne zwischen dem Huber Sepp, unserem pfundigen Fahrer, und dem Herrn Pfarrer sitzen. Das schenkt mir mehr Freude, als das unselige Umsteigen in Altona. Als kleines Trostpflaster habe ich gestern den Alpenveilchen-Dauerauftrag für Euch Lieben bis zum Jahre 2049 verlängert, damit ihr noch an mich denkt, wenn ich schon gar nicht mehr auf Erden weile. . ."

Unbekannte Heimat

Man muß nicht weit reisen, um im Kopfkino immer neue exotische und bunte Bilder zu produzieren. Es ist nicht erforderlich, ständig um den Erdball zu hetzen, nur um die Naturschauspiele im Original zu sehen, die im Fernsehen sowieso besser rüberkommen. Aber wenn man dann doch irgendwann an einem dieser View-points steht, an dem einen das Herz übergeht, die Stimme versagt und das Auge glückbenetzt ist, dann kommt garantiert eine Horde Sylter um die Ecke und sabbelt alles kaputt. Denn der Sylter hat ein Fluchtgen in seiner DNS, das ihn um den Globus treibt. Er kennt sich aus, er weiß Bescheid, er ist überall schon mal gewesen. Nur daheim, auf seinen 98 Quadratkilometern Goldstaub, da ist er nicht immer auf dem Stand der Dinge. Doch die Dienstleistungsgesellschaft, die wir uns gerade als Sprungbrett ins nächste Jahrtausend basteln, wird ihn an die Hand nehmen, ihm die Augen öffnen und den Weg weisen zu den Schönheiten seiner Heimatinsel.

Das mußte ja so kommen: Quälender Kostendruck lastet nun auch auf unserem Eiland. Die Folgen werden die gleichen sein wie überall. Unsere Arbeitswelt muß umstrukturiert werden, und zwar durch eine konsequente McDonaldisierung. Eine Vielzahl neuer Tätigkeiten im untersten Dienstleistungsbereich wird uns in eine aufregende Zukunft begleiten und unser Leben bereichern.

Überall in der Stadt werden wir zukünftig Schuhputzer, Melonenverkäufer, Rikschafahrer und Windschutzscheiben-Putzerkolonnen beobachten. Man spürt eine prickelnde Aufbruchstimmung. Weil ich diese Entwicklung frühzeitig habe kommen sehen, bin ich natürlich bestens gewappnet.

Ich habe nach einer Nische gesucht und einen neuen Job gefunden, den ich mit Kompetenz und der mir eigenen Originalität ausfüllen möchte: Ab sofort biete ich Syltseminare für Einheimische an. Und zwar für die Klasse der Multi-Funktionäre, der Über-Unternehmer, der smarten Sylter Handy-Gangs, die auf der Fahrt vom Notar zum Golfplatz im Stau vor dem Bahnhof feststecken und per Telefonbanking das Geld von Luxembourg nach Zürich schaufeln. Meine Zielgruppe gestaltet Sylt ständig neu, gibt der Insel eine andere Form, so daß die bis heute üblichen Autoaufkleber ungültig werden. Wer künftig der Umwelt mitteilen möchte, daß er von Sylt stammt oder gern dort hinfährt, der braucht sich nur noch eine Betonplatte an den Kofferraumdeckel zu schrauben.

Diese Clique umtriebiger Hasardeure und Businessmen gönnt sich keine Pause, damit das Leben auf Sylt nur so flutscht. Und der Streß nimmt ihnen jede Möglichkeit, mal eine Auszeit zu nehmen, schlapp zu machen und die Insel als Insel zu begreifen. Ständig sind sie unterwegs, diese Bescheidwisser, Vernetzer und Entscheidungsträger. Sie spielen, um die Sache mal bildhaft zu machen, Bundesliga, während wir, die wir unseren Tag nur mit großer Mühe bis zur Tagesschau geplant kriegen, in der Kreisklasse herumstolpern. Und trotzdem brauchen sie unsere Hilfe. Ich will ihnen zurufen: „Trotz alledem, auch ihr werdet geliebt. Kommt her, ich zeige euch den Zauber unserer Insel!"

Gerade letzten Mittwoch hatte ich so eine Führung. Meine Gruppe repräsentierte die Creme der Sylter Wirtschaft und Verwaltung, seit Jahren dem Burn-out näher als dem Sonnenbrand. „Also, Leute, nun paßt mal auf," begann ich, als wir gemeinsam die Himmelsleiter hinaufstiegen, „ich habe eine Überraschung für euch: Hier hinter den Dünen befindet sich der Strand!"

Blankes, schon fast entsetztes Staunen: „Strand?!? Was'n das? Kenn' ich nicht!" Ein Mitglied der Gruppe, Bürgermeister einer kleinen aufstrebenden Gemeinde südlich von Westerland, schlaumeierte dazwischen: „Doch, doch so etwas muß es geben. Meine Kinder sprechen oft davon. Ich denke, das ist so etwas wie Waikiki-Beach auf Hawaii." Die Augen der anderen leuchteten auf. „Ja, natürlich, das kennen wir. Und so etwas haben wir auf Sylt? Das ist ja toll, damit haben wir ja nun gar nicht gerechnet."

Endlich hatten wir die Düne erklommen, unter uns der unendliche Strand, die Nordsee mit kleinen, kecken Schaumkronen geadelt und der Himmel friesisch-blau. Verwunderung entstellte die Gesichter meiner Gruppenmitglieder: „Toll, Waaahnsinn, so ein schöner Strand, und das bei uns auf Sylt – warum hat mir denn davon keiner was erzählt?", fragte der dynamische Hoteldirektor aus der Südstadt. „Hier würde ich gerne mal ein paar Minuten meiner Zeit verbringen. Ich befürchte nur, wir befinden uns hier im Funkschatten des E-plus-Netzes."

Doch plötzlich verdüsterte sich die Miene des obersten Unternehmers: „Warum sind die Leute da unten alle so faul? Kann man sie nicht wenigstens mit einfachen Tätigkeiten beschäftigen, alleine schon, um den Standort Deutschland zu sichern!"

Der alte Stadtrat, ein eingeborener Sylter und abgefuckter Strippenzieher im Westerländer Rathaus, bekannte unter Tränen, daß er das letzte Mal 1945 als Flakhelfer am Strand war. Auch die Bürgermeisterin zeigte sich begeistert und versprach, mal wieder an den Strand zu gehen, wenn ihre Kinder in 16 Jahren aus dem Gröbsten raus sind.

Weiter ging's. Wir schwangen uns auf die Räder und strampelten nach Keitum. Als meine Truppe dort die vielen kleinen, anmutigen Friesenhäuser gewahr wurde, brach Begeisterung aus. „Nein, das ist ja putzig," meinte ein Promiwirt aus der Mondlandschaft südlich von Rantum, "schaut doch mal, das Haus da hinten! Daraus könnte man doch ein Museum machen. Das wäre doch der Knaller für unsere Gäste!"

Ich schaute ihn milde lächelnd an: „Herbert, das ist ein Museum und zwar schon seit fünfzig Jahren. Das solltest du dir mal anschauen. Es kostet nur drei Mark Eintritt und ist damit selbst für dich bezahlbar."

Totales Unverständnis äußerten einige meiner Klienten über die Wohnsituation in den kleinen dunklen Reetkaten. Es sei doch total inhuman, in über 250 Jahre alten Häusern leben zu müssen. Vielleicht sollte man das mal Amnesty International stecken.

Der Vorschlag, die Bewohner am Dorfrand zu containern und die Hütten zugunsten eines Großparkplatzes plattzumachen,

wurde zwar interessiert aufgenommen, konnte sich aber nicht ganz durchsetzen. Parkplätze in fußläufiger Entfernung zu den hochpreislichen Geschäften seien zwar unendlich wichtig, aber statt zu containern sollte man lieber auf die biologische Lösung setzen. Solche Veränderungen dürfen nur mit äußerster Sensibilität vorangetrieben werden, schon wegen des bekannt hohen Renitenzpotentials der Dorfgemeinschaft.

Ich gab mich derweil immer noch der naiven Hoffnung hin, meinem munteren Entscheidungsträgertrupp betonfreie Syltbegeisterung ins Herz zu pflanzen.

Kurz darauf standen wir in Wenningstedt vor dem Denghoog.

„Leute," sagte ich bedeutungsschwer, „Jahrtausende schauen auf euch herab. Hier haben schon die Ursylter zur Zeit des Pyramidenbaus gewohnt. Unter schwersten Bedingungen haben sie, unsere wackeren Vorfahren, dieses Wunderwerk geschaffen und den Widrigkeiten der Natur getrotzt."

Stilles Staunen in der Runde. Endlich, ich hatte sie gepackt. Ich spürte, wie glühende Heimatliebe neu erwachte und ihre Herzen umklammerte. Plötzlich trat einer hervor, zeigte mit einer Hand auf den Denghoog und mit der anderen auf das ihn umgebende, freie Feld. Gleich, da war ich mir sicher, würde ich ein flammendes Bekenntnis zur Sylter Heimat, zu Sylter Traditionen zu hören bekommen. „Leute, schaut euch doch das mal an. Im Planungsverband immer auf wichtig machen und und hier die mögliche Geschoßflächenzahl nicht annähernd ausnutzen. Das ist doch mal wieder typisch Wenningstedt..."

Makroökonomischer Frühstücksdialog

Die wichtigsten Erkenntnisse dieser Welt werden nicht in Denkfabriken gewonnen, die tollsten Entdeckungen nicht in Labors gemacht und die weitreichendsten Entscheidungen nicht in Vorstandsetagen getroffen, sondern am Stammtisch, unter der Dusche oder, wenn's dumm läuft, am sonntagmorgendlichen Frühstückstisch.

Früher haben unsere Vorfahren auf der Flucht vor dem Säbelzahntiger schon so manch einen Vormittag auf Bäumen verbracht. Heute produzieren wir unseren täglichen Adrenalinstoß, indem wir vergeblich versuchen, das frisch erworbene Marmeladenglas aufzuknacken. (Er sitzt da, würgt am Glas mit den süßen Früchten, die Adern am Hals schwellen bedrohlich, und sie denkt mit milder Verzagtheit: Mein Gott, Richard Gere hätte das Glas schon lange auf!) Und mit der simplen, unverdächtigen Frage: „Kannst du mir bitte mal die Butter 'rüberreichen?" beginnt ein Dialog, an dessen Ende ein weiterer „Point of no return" der Menschheitsentwicklung stehen wird.

Er (schleicht sich wie ein Penner an den Frühstückstisch, tritt fast auf seine Tränensäcke und wühlt sich gleich durch zum Sportteil der Sonntagszeitung): „. . .kannst du mir mal die Butter rüberreichen?"

Sie (denkt: er sieht aus wie Mick Jagger in 20 Jahren, führt sich auf wie Mario Basler vor fünf Jahren – das muß ausgerechnet mein Mann sein): „. . .willst du nicht erst einmal eine Aspirin nehmen?"

Er (derweil das Frühstücksei köpfend und dann gelbhändig feststellend, daß viereinhalb Minuten für ein XL-Ei einfach nicht ausreichen): „. . .ich habe mir gerade mein Magenmittel und den Blutdrucksenker reingeworfen. Meinst du, da passen die Aspirins noch oben drauf?"

98

Sie (sich mit asiatischer Gelassenheit ihre selbstgemachte Ying-und Yang-Marmelade aufs Brot bastelnd): „Was sind denn das für Töne? Sonst behauptest du doch immer, ein Medikament taugt nur dann etwas, wenn es ordentlich viele Nebenwirkungen hat."

Er (wissend, daß er bei diesem Thema argumentative Schwächen aufweist und deshalb auf einen Nebenkriegsschauplatz ausweichend): „... mich würd' echt mal interessieren, wo die da draußen eigentlich alle mit ihren Autos hinwollen? Und das am Sonntagmorgen um halb neun!"

Sie (nun mit Wonne sich auf das Feld der Politik stürzend): „.. .da kannst du dich beim Westerwelle bedanken. Denn dank der FDP ist die Bevölkerung jetzt an jedem Sonntagmorgen unterwegs, um einen Bäcker zu finden, der ihnen auch noch an diesem Abschlafftag Brötchen verkauft."

Er (sich ernährungsphysiologisch korrekt eine ordentliche Kante vom Mehrkornbrot absäbelnd): „...ja aber – das ist doch eine ökologische Katastrophe! Da gurken die da draußen alle mit ihrem Achtzylinder herum, vergeuden fossile Energieträger und verpesten die Luft, nur damit sie sich anschließend ballaststoffarme Weißmehlbrötchen reinstopfen können! Das kann doch wohl nicht angehen!?"

Sie (ihn milde anlächelnd und Gewogenheit vermittelnd, da er zumindest noch gesellschaftspolitisch erregbar ist): „...doch, genau so isses. Und nun stell dir doch mal vor, daß, sagen wir mal, jedes zwanzigste Auto am Sonntagmorgen unterwegs ist und dabei drei Kilometer fährt. . ."

Er (in seinen solarbetriebenen Taschenrechner eifrig Zahlenkolonnen eingebend) „. . .das sind bei rund 30 Millionen Autos in Deutschland siebeneinhalb Millionen Kilometer mal 60 Sonn- und Feiertage – das gibt . . . sage und schreibe . . . 450 Millionen Kilometer!!!"

Sie (derweil einige Atemübungen absolvierend, um die Verdauung und den Tag in Schwung zu bringen): „. . .korrekt. Und bei einem durchschnittlichen Verbrauch von zehn Litern werden dabei 45 Millionen Liter Benzin verheizt."

Er (staunend, daß sie sich in Zahlen und Größenordnungen

auskennt, die den Bereich homöopathischer Dosierungen eindeutig überschreiten): „...das ist ja Wahnsinn!! Da kommen wir ja locker auf 45 000 Tonnen, nur damit die Schlappsäcke da draußen sich Sonntagsbrötchen reinmuffeln können."

Sie (nun meinend, die Lufthoheit über dem Frühstückstisch erobert zu haben und mit stillem Triumph ihre Ravi-Shankar-CD in den Player schiebend): „... genau – und sowas verkaufen die Pappnasen in Bonn als wirtschaftlichen Fortschritt! Ich geh' zu den Grünen und werde fordern, daß jeder Deutsche nur noch alle vier Monate mit dem Auto zum Bäcker fahren darf..."

Er (einen letzten Versuch startend, um die Grundwerte der parlamentarischen Demokratie zu verteidigen): „...aber Schatz, vielleicht übersehen wir die binnenwirtschaftlichen Synergieeffekte. Jeder hundertste Brötchenfahrer wird sich beim Einparken eine Beule holen oder den Spoiler abreißen, denn bedenke, die haben ja alle noch keine Kaffee-Infusion. Das wird das Autohandwerk wieder zur Boombranche machen. Jeder Tausendste wird einen Personenschaden verursachen und die Opfer kommen dann irgendwann alle zu Rehabilitation nach Sylt. Also hat Westerwelle doch irgendwie Recht, wenn er meint, die Sonntagsbrötchen würden den Standort Deutschland sichern helfen."

Sie (mit der naturgegebenen, weiblichen Fähigkeit ausgestattet, makroökonomische Zusammenhänge sofort zu erkennen und argumentativ umzusetzen): „...ja, wenn das so einfach ist, dann mache ich folgenden Vorschlag: Fahr doch einfach jeden Sonntag vor dem Frühstück mit dem Zug nach Niebüll und hole von dort die Brötchen. Würde jeder zehnte Deutsche ebenso handeln und seine Sonntagssemmeln auf dem Schienenweg heimholen, könnten wir auf diese Weise immerhin die Deutsche Bahn AG börsenfit machen. Aber paß bitte auf, wenn du zum Bahnhof gehst, daß dich kein autofahrender Brötchenholer überfährt. Sonst schicken sie dich vielleicht noch zur Rehabilitation nach Rügen..."

Der Kanzler kommt

Endlich wird die eindringliche Forderung des Bundespräsidenten Roman Herzog an alle Deutschen erhört, daß ein Ruck, daß Aufbruchsstimmung durch dieses Land gehen müsse. Überall ruckt und bricht es nun. Mein Freund Olli ruckt an der Kühlschranktür, um ans Bier ranzukommen. Und dann füllt er sich damit ab, bis er bricht. Aber genaugenommen kann das wohl kaum die Ruck- und Brechstimmung sein, die der Bundespräsident meinte. Da wird unser Bundeskanzler Dr. Kohl doch wohl ein besseres Beispiel als Olli abgeben. Blenden wir uns mal ein in dessen Eheleben.

Es ist Sonntagmorgen, irgendwann im Juni. Bundeskanzler Dr. Helmut Kohl und seine Gattin Hannelore sitzen am Küchentisch in Oggersheim und studieren die „Bild am Sonntag". Friedvolle Stille liegt wie eine Bleimatte über dem Land. Im Hintergrund erklingt Musik, die Nationalhymne. Sie jagt unserem Kanzler einen wohligen Schauer nach dem anderen über den Rücken, während er dankbar den wegweisenden Wochenkommentar von Peter Boenisch liest. Dieses Schöner-Wohnen-Ambiente wird nur von unregelmäßigen Ploppgeräuschen unterbrochen: Frau Kohl hatte vergangene Woche den Leibwächtern draußen vor der Tür zur Zerstreuung eine Dartscheibe mit dem Konterfei Joschka Fischers geschenkt. Die hängt nun an der Haustür und wird von den Body-Guards der GSG 9 lebhaft genutzt.

Ach ja, und noch etwas stört den Frieden: Im Aquarium des Bundeskanzlers jagt seit einigen Tagen ein Piranha die Goldfische, die auf die Namen Gerhard, Rudolf und Oskar hören. Der Killerfisch, ein Geschenk von Pfarrer Hintze, erfreut mit seinem Gemetzel den Kanzler jeden Tag aufs neue. Sonst ist alles friedlich. An der Garderobe rauscht der Mantel der Geschichte. Nur das hört mal wieder kein Schwein.

Die vergangenen Wochen sind für den Kanzler dumm gelaufen: Die große Euro-Einheits-Show hat ihm sein Freund Jack Chirac gegen die Wand gefahren (das ging wie ein Ruck durchs Land), Gerhard Schröder, der Weiberheld aus der niedersächsischen Steppe, hat sich Rolls Royce gekauft und der neue Pressesprecher Hauser kaspert die Koalition in Grund und Boden. Angela Merkel ist das einzige Regierungsmitglied, das strahlt. Aber über Castor-Transporte wollen wir hier nicht reden.

Inzwischen hat der Bundeskanzler die Seiten mit dem Stellenmarkt aufgeschlagen und markiert farbig alle interessanten Angebote. „Hör mal, Hannelore, hier, der FC. Kaiserslautern sucht einen Fachverkäufer für den Fanartikel-Shop. Das wäre doch genau das Richtige für mich."

„Ach, papperlapapp, Helmut," meint darauf des Kanzlers Gattin, „dann müßtest du ja immer mit so'ner roten Pudelmütze rumrennen. Nein, nein, mach du dir man für die Zukunft keine Sorge. Ich habe schon mit dem Oggersheimer Bürgermeister gesprochen. Du kannst dann hier im Städtischen Freibad Bademeister werden. Die suchen schon lange jemanden, der auch den Überblick behält, wenn ihm das Wasser bis zum Halse steht."

Dem kann der Kanzler nur uneingeschränkt zustimmen und mit glücklich verdrehten Augen tagträumt er davon, daß er dann mit seinem Piranha im Freibad leibhaftige Sozis jagen kann. Doch Gattin Hannelore hat mittlerweile zum Reiseteil der Zeitung weitergeblättert und wechselt das Thema: „Wir sollten in diesem Sommer häufiger Urlaub machen, Helmut. Laß uns doch mal mit dem Bundesgrenzschutz nach Sylt fliegen. Frau Süßmuth nutzt dieses Angebot doch auch gern und ist total begeistert von dem Service."

Doch davon ist der Bundeskanzler überhaupt nicht angetan, und er verschließt sich körpersprachlich wie eine Muschel, wenn der Austernfischer naht. Aber Frau Kohl läßt nicht locker: „Nun erinnere dich doch mal, als du mit deinem besten Freund Felipe Gonzales auf Sylt warst. Davon hast du dann noch tagelang geschwärmt."

Das Beispiel sitzt. Dem Bundeskanzler dämmert's, seine Augen beginnen zu leuchten: „Genau, Hannelore, so machen wir das: Ich werde tagsüber wahlkämpfen. Stell dir mal vor, die haben da oben eine Wahlschutzzone. Das bedeutet, daß mich keiner mit Eiern oder Tomaten bewerfen darf. Und abends gehen wir schön Essen. Laß mich mal überlegen, was hat es denn damals Leckeres gegeben? Lister Austern an Saumagen, vorzüglich! Nur die Rote Grütze als Dessert ist mir sauer runtergegangen."

Hannelore Kohl, die inzwischen die vielen tollen Anzeigen der Sylter Restaurants und Luxusläden in der großen, bunten Sonntagszeitung studiert hat, meint aufgeregt: „Wir könnten doch später mal eine kleine Boutique in Kampen aufmachen. So einen Spezialladen für Fettleibige, Übergrößen und andere Deformationen. Denn wenn der Schröder mit seinen roten Socken erst einmal im Kanzleramt die Beine hochlegt, dann haben wir doch reichlich Zeit dafür."

Nun wird der Bundeskanzler aber richtig böse – also nicht ganz so übellaunig, wie er wird, wenn der alte Stasispitzel Gysi ihm im Bundestag in die Waden beißt – nein, bei Hannelore ist er, wenn überhaupt, nur leicht böse, easy böse, so mit gebremstem Schaum: „Hannelore, sei bitte nicht so defätistisch. Natürlich werde ich, dein Dickerchen, die Wahl gewinnen. Schließlich bin ich eine Person der Zeitgeschichte, der Kanzler der Einheit, der Schmied der Vereinigten Staaten von Europa!"

Frau Kohl tätschelt ihm beschwichtigend die Hand: „Kein Problem, Helmut. Meine Stimme bekommst du, die kannst du fest einplanen. Wenn allerdings der Wähler da draußen im Land nicht die nötige Reife hat und diesen verflixten Schröder wählt, dann siedeln wir eben nach Sylt über, und ich bekomme meine XXXL-Boutique."

Doch der eiserne Kanzler gibt nicht nach. Er pokert so knallhart wie damals, als er Gorbatschow beim Einheitsvertrag erst mit Geld zugeschüttet und dann über den Tisch gezogen hat: „Ich würde viel lieber zum Wolfgangsee umziehen. Wenn ich da mal alleine sein will, zum Nachdenken und so, dann paddele ich abends einfach auf den See hinaus und habe meine Ruhe. Das kann mir Sylt sicher nicht bieten." Doch Hannelore strahlt ihn an: „Ich habe gehört, daß man auch auf Sylt ganz ruhige und menschenleere Stellen findet. Wenn du dort mal mutterseelenallein sein willst, brauchst du abends nur mit dem neuen Stadtbus zu fahren. Da triffst du dann garantiert keine andere Seele..."

Alkohol am Steuer statt Alkoholsteuer

Immer wieder bekommen wir Küstenbewohner gesagt, daß wir ein wirklich ausgeschlafenes Völkchen seien, intelligent, schlagfertig, offen für neue Ideen und brennend interessiert an fremden Kulturen oder alternativen Lebensformen. Woher das kommt? Haben wir die besseren Gene, ist es die jodhaltige Luft oder sind wir einfach nur so gut drauf? Nichts von alledem stimmt: Unsere besseren Befindlichkeiten verdanken wir den Gästen! Mit ihnen sitzen wir im Sommer viele Stunden zusammen, tauschen uns aus, fragen nach und saugen deren unendliche Klugheit in uns rein. Im Winter dann denken wir ein weiteres mal über alles nach und ordnen unser Leben von Grund auf neu.

Im Winter, wenn wir Sylter doch mehr unter uns sind, dann hat man ja auch mal Zeit, die Ereignisse und Begegnungen der vergangenen Saison zu reflektieren: Was war gut und schön, was war wichtig und hat uns vorangebracht, was hingegen war wieder übel, voll negativer Energie, hat uns Lebenszeit und positive Power geraubt.

Und da fällt mir dann sofort Jupp Koschinsky ein, Stammgast bei meinem besten Freund Olli, Schalke-Fan und Elferratsmitglied beim Karnevalsverein Gelsenkirchen-Ost, ein Besserwisser der Premiumklasse. Ich sage dir: zwei Stunden in seiner verbalen Reichweite und du wünscht dir einen schweren Hörsturz!

Wir saßen bei Olli im Garten, der Grill war am Knispeln und Knaspeln, das Wetter war top, die Lammkoteletts sssuper, und das Bier würde wohl gerade so reichen. Jupp hatte sich auf einen gewissen Leutseligkeitspegel hochgesoffen und meinte nun, unsere friesische Gutmütigkeit als Trampolin benutzen zu können: Er startete mal wieder eine seiner gefürchteten „Alsonumalääährlich"-Attacken.

„. . .also. . .numal äährlich . . . Sylt, schön und gut . . .hicks! . . .
aber was mich hier echt stört, das sind die Autos. Du kommst im
Sommer ja kaum über die Straße, alles zugeparkt und wenn ich
dann mal nach List rausfahre, dann werde ich immer von Autos
mit ,ner En-eff-Nummer überholt . . . vonne Einheimischen. . .“
Das ist dann erfahrungsgemäß der Zeitpunkt, Jupp massiv in
die Parade zu fahren: „Du, ich sach dir ganz ehrlich, ich fahr' gerne
Auto auf Sylt," ergriff ich entschlossen die Initiative, „ich war mal
mit dem Auto auf dem Festland – in diesem Bermuda-Dreieck
zwischen Nixbüll, Flensburg und Klixbüll. Das war vor acht Jahren
oder so, da hab' ich Sachen erlebt, da wäre ich fast dran zerbro-
chen, da bin ich Autofahrern begegnet, die kannte ich noch gar
nicht!!! Nene, das ist nix für mich. Ich kann mich auch auf Sylt austoben. Wenn ich zum Beispiel nach List fahre, dann versuche ich
immer, wenigstens einmal die 200 Stundenkilometer zu touchie-
ren. Und kurz hinter Kampen schaffe ich das meistens auch, es sei
denn, ich habe da wieder so 'ne Wanderbaustelle aus Mecklenburg-Vorpolen vor mir oder einen Dänen auf der Flucht von der
Spielbank zur Fähre."
    „Ja, aber," staunte Jupp und stocherte in seinem Krautsalat
herum, „hast du dir schon mal Gedanken darüber gemacht, daß
auch du mitverantwortlich bist für den Treibhauseffekt, die Klimakatastrophe und millionenfachen Hautkrebs?"
    „Hör auf mit dem Geweine," bügelte ich den Schwätzer ab,
stand auf und zottelte mir ein frisches Bier aus der Eiswasserwan-
ne, „die Gäste, die im Juni auf Sylt Urlaub gemacht haben, die
wären froh gewesen über jeden Treibhauseffekt, wenn sie ihn denn
erlebt hätten. Und übrigens, wenn das mit der Klimakatastrophe
wirklich eintritt und darauf die Polkappen abschmelzen und dann
der Meeresspiegel um ein paar Meter ansteigt – na und? Wäre doch
gar nicht so schlecht, denn dann hätten wir es morgens nicht mehr
so weit zum Strand."
    Während ich mich in einen regelrechten Rausch hineinreferier-
te, hatte Jupp sich ein Stück Lammfleisch vom Grill auf den Teller
gezogen, glubschte mich mit seinen roten Augen an und maulte:
„Aber warum müssen die Sylter denn alle mit so Riesenblechkisten

herumtreckern? Acht Zylinder und Kängururammstoßstangen, nur um hektoliterweise Tütenwein von Aldi nach Kampen zu chauffieren, nun mal ehrlich, muß denn das sein?!?"

Angewidert musterte ich den Gelsenkirchener Büttenredner von oben bis unten: Wie kann ein Mann, der Opel fährt, sich so an diesem Thema festbeißen? „Nun hör mal zu," kaute ich ihn mit noch vollem Mund an, würgte meinen Bissen herunter und fuchtelte mit der Gabel meine Argumente rüber: „Wir Sylter definieren uns über unsere Automobile, damit zeigen wir unseren sozialen Rang in der Gruppe an, das ist unverzichtbar für unser Ego. Seit ich meinen neuen BMW-Zwölfzylinder habe, hat sich meine Schuppenflechte zurückgebildet. Und nachdem Olli," ich hob die Stimme, damit der Gastgeber merkte, daß er in den Mittelpunkt rückte, „seine alte VW-Pritsche gegen den Cadillac-Bus durchgetauscht hat, hat sich sogar sein Sexualleben schlagartig reanimiert."

Olli unterbrach das Herumpulen in seinen Zahnzwischenräumen, sog quietschend und pfeifend Luft durch seine Gebißruine und meinte betroffen: „Aber das Problem hier auf Sylt ist die Sauferei. Immer mehr Alkohol am Steuer. Um den Überblick zu behalten, hat die Polizei die Autofahrer in zwei Gruppen eingeteilt: In Gäste und Insulaner. Die Gäste, das sind die alkoholisierten Autofahrer, und die Insulaner, das sind die autofahrenden Alkoholiker!"

Entspannte Fröhlichkeit und meckerndes Gelächter machte sich breit. „Mein Nachbar, der Berthold, „legte Olli nach, „der hat zur Zeit ein wenig Pech. Sein Führerschein liegt in Flensburg und die Blutproben beim Amtsgericht in Nixbüll. Für Berthold aber noch lange kein Grund, seinen Lebenswandel umzustellen. Er bleibt der alte Saufkopf, der er schon immer war. Und ich finde, der Mann hat recht. Schließlich hat er damals sogar seine Frau am Altglascontainer kennengelernt. . ."

Westerländer Elchtest

Soviel mal vorneweg: Urlaub ist für uns Sylter eher ein Fremd-
wort, eine unbekannte Größe, etwas Prickelndes, das wir nur
durch die Schilderungen anderer kennen. Im Sommer haben wir
die Badegäste an den Hacken und im Winter die Steuerprüfer.
Da bleibt dann keine Zeit, die wir mit Faulenzerei und „Easy
living" totschlagen könnten. Gut, mal für zwei Wochen zum
Golfen nach Florida oder zum Paraglyding nach Zermatt, das
liegt vielleicht gerade noch drin. Oder mit der Harley auf der
Route 66 quer durch Amerika. Aber mal richtig Urlaub machen,
so mit allem drum und dran, das kennen wir Sylter Workaholics
nicht. Und richtig Urlaub machen, das muß man lernen, da muß
man sehr sensibel herangehen und, ganz wichtig, man muß den
Wünschen des jeweiligen Partners immer hohen Rang einräumen...

Mit Schwung knalle ich den Prospektstapel auf den Küchentisch: „So, meine Liebe, heute fällt die Entscheidung über unseren nächsten Urlaub. Nachdem ich mich jahrelang mit engli-
schen Grobianen um Liegestühle an mallorquinischen Pools ge-
prügelt habe, bestimme ich dieses Jahr, wo wir unsere schönste
Zeit verbringen."

Ich bemerke zwar, wie mein Weib sofort mental wegknickt,
aber Leute, ich bin doch kein Therapeut! Ich bin ihr Gatte – und
demzufolge nicht für Problemlösungen, sondern für Problemstel-
lungen zuständig.

„...und zwar habe ich mir gedacht," doziere ich weiter und
wühle dabei in der bunten Katalogpracht herum, „daß wir mal
,nen verschärften Outdoor-Urlaub machen, so richtig knallhart, im
Einbaum den Amazonas rauf, Alligatorenjagd mit der bloßer Faust
und freiem Oberlörper, und abends, nach dem gegrillten Schim-

pansen, fröhliches Waldameisenknabbern. Und während ich schlafe, bewachst du das Lagerfeuer."

„Soso, du und Urlaub im Urwald," grient meine Lebenskrisen-Begleiterin, „wenn ich dich mal erinnern darf: Letzten Sonntag hast du dich vor der Wanderung am Nössedeich gedrückt, weil du Angst vor Schafen hast." „Entschuldige, aber du kannst die gefährlichen Morsumer Kampfschafe nicht mit so´nem kleinen süßen Puma vergleichen."

Doch auf einmal sehe ich ein tückisches Leuchten in den Augen meiner Gefährtin. „Paß mal auf, wir machen eine Survival-Einstiegsprüfung. Wenn du die bestehst, dann buchen wir den Amazonas bis zum Abwinken. Aber falls du durchfällst, fahren wir wieder nach Arenal."

Ich lächle milde zurück, so wie ein Pokerspieler, der weiß, daß sein Gegner nur Luschen in der Hand hat. „Mädel, die Wette gilt. Komm, sag mir, wo das Problem liegt. Ich zieh' das kurz und knackig durch, und dann gehen wir ins Reisebüro. Soll ich auf den Händen über den Hindenburgdamm laufen, nach Föhr schwimmen oder an einem Wochenende im Eilzug um 17 Uhr 30 einen Sitzplatz erkämpfen?"

Meine Sonne strahlt mich an: „Nein, nein, so billig kommst du mir nicht davon. Ich habe mir etwas anderes ausgedacht: Wir fahren mit dem Fahrrad von hier, vom Seedeich, durch die Stadt bis zum Freizeitbad. Nicht mehr und nicht weniger." Ein Witz! Sie nimmt mich nicht mehr ernst. So etwas mache ich doch freihändig und mit verbundenen Augen.

Eine Stunde später. Ich sitze auf meinem Fahrrad, fit for fun und ausgerüstet mit allem, was man so benötigt: Klappspaten, Erste-Hilfe-Set, Handy und Satelliten-Navigationsgerät sowie Trockennahrung für zwei Monate und ein Büchlein mit Traugott Giesens Beistand.

Wir radeln los, Richtung Norden, ich voran. Doch schon nach knapp 100 Metern voll in die Eisen: Ein Schild, der erste Fluch des Tiefbauamtes: „Radfahrer absteigen, das Fahrrad schultern und auf den Knien weiterrutschen!" Nur weil die Tagträumer im Rathaus, diese grünen Wadenbeißer, immer noch glauben, daß die seit

111

KiM

30 Jahren geplante Umgehungsstraße doch noch kommt, wird hier auf Radfahrers Kosten geflickschustert wie am Hauptbahnhof von Bukarest. Einen handbreiten Asphaltstreifen haben sie uns gelassen, links auf der Straße toben die Raumschiffe der Stadtreinigung, und von vorne kommt uns eine junge Mutter mit ihrem Zwillingswagen entgegen, bedrohlich wie ein Schneeflug in einem Steven-Spielberg-Film und stets bereit, ihre beiden milchgesichtigen Saugmuskeln wie eine Löwin zu verteidigen.

Wie verlangt, schultere mein Fahrrad, spreche ein Stoßgebet und schwinge mich von Ast zu Ast, um die unbefahrbare Passage zu überwinden. Völlig unerwartet setzt sich nach 200 Metern Chaos der Radweg fort. Doch schon kurz darauf die nächste Hürde. Die Einmündung der Tinnumer Straße in den Trift, steingewordene Bankrotterklärung des Westerländer Rathauses in Sachen Verkehrsführung, stellt sich uns in den Weg. Nix geht mehr. Zwei Autos stehen auf dem Radweg und versuchen schon seit Tagen sich einzufädeln. Bei einem der beiden Wagen ist zwischenzeitlich sogar der TüV abgelaufen. Genauso lange schon versucht einer der hypermodernen Doppelgelenkbusse nach links abzubiegen. Doch das Ungetüm kommt nicht von der Stelle, weil einer der Busse mit Fahrradanhänger sich erst total verfahren und danach hoffnungslos verkeilt hat. Der Busfahrer ist ein Lohnknecht aus der Emmelsbüller Einöde und hat kurzzeitig den Überblick verloren. Gäste und Einheimische stehen in Gruppen herum und diskutieren diesen gordischen Knoten.

Nachdem ich mir das Drama zwei bis vier Stunden angesehen habe, hole ich meinen Klappspaten hervor und grabe einen Tunnel. Drei Tage später komme ich am Gaswerksbiotop wieder ans Tageslicht. Schüler des Insel-Gymnasiums (Greenpeace-Leistungskurs) stehen dort seit Monaten Mahnwache wegen des geplanten Tankstellenbaus und freuen sich über meine Notrationen und meine Betroffenheit, die ich mit ihnen teile.

Endlich, westlich vom Bahnhof, stoßen wir völlig unerwartet auf einen vorschriftsmäßigen Fahrradweg, einen naturbelassenen sogar. Doch der endet ohne Vorwarnung. Wieder absteigen, das Fahrrad schultern und mit Mühsal den Verkehrsdschungel durchdringen. Der Bahnhofsvorplatz Westerland ist sowieso rechtsfreier Raum – sogar in der Abwehr der nigerianischen Fußball-National-mannschaft herrscht mehr Ordnung. Aber die Westerländer Kom-munalpolitiker haben im erprobten Schulterschluß mit dem Bau-amt den Bahnhofsvorplatz zum Truppenübungsplatz für ihre eit-len Machtspiele gemacht.

Nach nur sieben Minuten Wartezeit springt die erste von fünf Fußgängerampeln für zehn Sekunden auf Grün. Ich haste auf die andere Straßenseite und schiebe das Rad bis in die Strandstraße. Gerade will ich wieder aufsteigen, werde ich partnerschaftlich ab-gemahnt: „Das ist hier Fußgängerzone. Hier darfst du dein Rad nur tragen." Ich protestiere: „Wieso denn? Die ganze Strandstraße ist doch voller Autos. Da kommt es auf unsere Räder auch nicht mehr an."

„Da irrst du, mein Schatz. Das sind alles Liefer- und Baufahr-zeuge. Die dürfen das. Aber du mit deinem Rad stellst eine Gefahr für Leib und Leben der Flaneure dar."

Gerade will ich trotzig auf mein Fahrrad steigen, kommt mir, wie einst die glorreichen Sieben in Arizona, ein Haufen pistolenbe-waffneter Desperados entgegen: Zwei Polizisten, drei Securitykräf-te, ein Knöllchenverteiler, zwei Beachworker, ein Dünenworker von der Aids-Hilfe sowie zwei Walkämpfer von Green-Peace.

Ich gebe auf, breche zusammen, nein, diese Prüfung schaffe ich nicht. Nachdem ich mein Fahrrad den wermutigen Freigeistern im Stadtpark übereignet habe, zerre ich meine Freizeitdomina ins nächste Reisebüro und lasse sie Mallorca buchen – bis zum Abwin-ken. Amazonas? Nein danke. Da sollen doch die vom Bauamt hin-fahren.Vielleicht sorgen dort die Alligatoren für eine ökologisch akzeptable Lösung unserer Probleme...

Warten auf Harald

Es ist Sonntagmorgen in aller Hergottsfrühe, so knapp elf Uhr. Seit vier Stunden liege ich wach. Mein Rücken tut mir weh. Ich sollte eigentlich aufstehen. Alle stehen irgendwann auf. Auch sonntags. Aber ich will nicht aufstehen. Warum sollte ich auch? Es ist doch Sonntag. Und das ist nun mal nicht mein Tag. Am Sonntag, da ist nix dran, dieser Tag hat kein Profil. Den hat der liebe Gott aus Langeweile gemacht. Und so ist er dann auch geworden: Keine Zeitung im Briefkasten und keine Müllautos auf der Straße, die mich wachrütteln. Auch die Kreischsäge auf der Baustelle nebenan kreischt heute nicht. Nur einige Popelinejacken und Lodenmäntel tippeln da draußen Richtung Kirche.

Die Zeit steht still. Ich glaube sogar, sonntags geht sie rückwärts. Es ist 12 Uhr. Ich stehe auf und frühstücke: Zwei Aspirin und die Zeitung von gestern. Ich schaue auf den Radiowecker. Es ist früher, als ich denke. Ich schaue in den Spiegel. Es ist später, als ich denke.

Die Hälfte des Tages ist nun geschafft. Nur noch 58 Stunden bis „Buffalo". Eine Zeit wie eine Ewigkeit. Ich schaue sehnsüchtig auf die Zeiger meiner Standuhr. Wenn man auf die Spitze des großen Zeigers schaut und total entspannt ist, in sich ruht, asiatische Gelassenheit mit friesischer Dickköpfigkeit paart, dann kann man sehen, wie der große Zeiger sich bewegt, seine Runden dreht. Das gibt mir Mut. Die Zeit steht doch nicht still. Sie schreitet, wenn auch nur zäh, voran, sie verrinnt.

Es ist drei Minuten nach eins.

Ich habe fertig gefrühstückt. Die Aspirinis wirken. Der Rückenschmerz läßt nach. Nun wird mir übel. Nicht sehr, aber doch so, daß ich mich ärgere. Denn wenn mir übel ist, vergeht die Zeit noch langsamer. Der Einstein hatte doch Recht. Zeit ist relativ. Denn die Zeit ab 23 Uhr am Dienstagabend vergeht relativ schnell. Beweisen kann ich das zwar nicht, aber ziemlich sicher bin ich mir da schon.

Ich stehe auf und gehe hin und her. Das tut gut. Ich setze mich wieder. Das tut auch gut. Mensch, geht mir das gut. Mein Gott, ist mir langweilig.

Ich greife nach einem Buch. Es ist sehr dick. Ich schlage es auf. Die Buchstaben sind sehr klein. Es passen viele auf eine Seite. Ich beginne zu lesen. Kurz darauf brennen mir die Augen. Das Buch ist schwer. Die Handgelenke schmerzen. Ich stelle das Buch wieder in den Schrank zurück. Auf den Büchern liegt Staub. Überall liegt Staub. Nur auf meiner Fernbedienung liegt kein Staub.

Es ist jetzt halb zwei. Draußen tippeln die Popelinejacken und Lodenmäntel selig vorbei. Sie gehen nach Hause, werden sich ihre Sammeltassen aus ihrer Vitrine nehmen, einen Kaffee aufsetzen, den frischgebackenen Topfkuchen aufschneiden und in ihrer Fernsehzeitung die Sendungen anstreichen, die sie sich antun wollen.

Fernsehen am Sonntag. Das tu' ich mir nicht an. Da schaue ich doch lieber aus dem Fenster. Oder auf die Uhr. Es ist mittlerweile 14 Uhr geworden. Es müßte bald dunkel werden. Naja, nicht sofort, aber doch bald. Noch 57 Stunden. Was könnte man in 57 Stunden alles machen. Bis Sydney fliegen, von der Oper auf die Habour-Bridge schauen, fünf Dosen Foster´s Bier trinken und wieder nach Hause fliegen. Und die 57 Stunden wären immer noch nicht rum.

Aber ich fliege nicht nach Sydney. Ich gehe zum Strand. Und lasse die Uhr zuhause. Weil, dann vergeht die Zeit schneller. Und der Dienstagabend ist eher da.

Obwohl, noch haben wir ja Montag. Toll wäre es, wenn wir ein Schaltjahr hätten, in dem ein Tag einfach wegfällt. Dann wäre ich dafür, daß der Montag wegfällt. Denn dann wären es nur noch 33 Stunden bis Dienstag abend. Aber in Schaltjahren kommt ja immer ein Tag dazu. Dumm geregelt.

Es ist Nachmittag, Die Sonne steht schon sehr niedrig. In Amerika stehen sie gerade alle auf. Die haben den ganzen Sonntag noch vor sich. Und trotzdem, die haben's gut. Weil – die warten nicht auf den Dienstagabend, 23 Uhr. Nein, die Amerikaner fahren mit ihren großen Autos zur Kirche und singen Lieder, die so schön sind, daß sie bei uns nur nachts im Radio gesendet werden.

Es ist gleich 20 Uhr. Jetzt könnte ich den Fernseher anschalten und anfangen, die Zeit totzuschlagen. Aber ich bin ein Kopfmensch. Wenn ich fernsehe, dann nur Sendungen mit Inhalt, Tiefe und pädagogischem Wert. Also ich lasse den Fernseher aus. Ich schaue lieber aus dem Fenster. Dabei kann ich nachdenken. In letzter Zeit denke ich oft an meinen letzten Englandurlaub. Das war 86 oder so. Was habe ich da wohl so alles gegessen? Wir waren oft beim Inder. Später, an der Küste, haben wir Fisch gegessen. War da auch irgendwas vom Rind dabei? Ich weiß es nicht mehr. Ich kann mich nicht erinnern. Ich könnte waaahnsinnig werden.

Es ist 23 Uhr. Es ist immer noch Sonntagabend. Die Fußgängerampel grellt rot herüber. Seit über sieben Minuten schon ist kein Auto mehr gekommen. Jetzt könnte die Fußgängerampel wirklich ausgeschaltet werden. Das kostet doch alles Strom. Vielleicht läuft das AKW Brockdorf nur wegen dieser blöden Fußgängerampel! Das gibt es doch gar nicht. Ist denn da keiner, der diesen Wahnsinn karikiert?

Doch ... da gibt es einen! Meinen Freund Harald – dirty Harry – Harald Schmidt, bad boy – good fellow, mein Freund Harald! Ihm werde ich es faxen, er wird die rechten Worte finden.

Endlich, der Sonntag ist gepackt und den Montag schaffe ich auch noch – und dann ist Dienstag – und dann ist es viertel nach elf – und dann läuft die Harald-Schmidt-Show – los, Harald, gib's uns, mach sie fertig, diese Dumpfbacken, diese Langweiler, diese flachwitzigen Fernsehfuzzies, diese über ihre Tränensäcke durchs Leben stolpernden Betroffenheitsapostel.

Dienstagabends ab elf sauge ich mir meinen Hämenektar aus dem Kabel, am Dienstag huldige ich meinem Zynismus-Guru, denn am Dienstag setzt Harald Schmidt die Übelwerte für die Woche!

Der Fragebogen

Wer meint, echte Freundschaften bestünden vor allem darin, daß man sich gegenseitig die Biervorräte wegsäuft oder die Bohrmaschine ausleiht, liegt total daneben. Auch wenn man erfolgreich nach Wattwürmern gegraben hat und eine Handvoll seinem Kumpel abgibt, damit er beim nächsten Angelwettbewerb siegt, bedarf das unter Friesen keiner besonderen Erwähnung. Wenn aber jemand am Schreibtisch sitzt, ein Blatt Papier voller heikler Fragen vor sich, und er schreit um Hilfe, dann schlägt die Stunde der Bewährung, auch wenn es sich nicht um die Steuererklärung oder die Vorbereitung auf die Fahrprüfung handelt.

Das Telefon klingelt aufgeregt. Ich gehe ran und mein Freund von schräg gegenüber bölkt mir ins Ohr: „Komm mal schnell rüber, Alter, große Sinnkrise, ich stehe hier kurz vor dem mentalen Festplattenabsturz!?! – Klack!"

Ratlosigkeit und Betroffenheit überschwappen mich: Mein Freund Olli, sonst ein Typ hart wie Arnold Schwarzenegger, auf einmal mit der weinerlichen Verzagtheit eines Andreas Möller nach 'nem verschossenen Elfmeter.

Ich greife meinen Sylter Erste-Hilfe-Koffer (Sixpack Flens, Handy, Autozugfahrplan, Scheckheft, Flasche Küstennebel, Nasenpflaster, Gezeitentabelle sowie ein Duden in Großschrift) und eile sorgenvoll über die Straße zu meinem Weggefährten und Bruder im Geiste.

Der Gute sitzt in der Küche, der Tisch ein ungeordnetes Frühstücksendlager mit Tendenz zur Biotonne, die Heizung glüht so bei 28 Grad, seine Augen gebrochen und mattrot, das Gesicht eine einfallslose Faltenlandschaft. Er kaut auf einem Stummelbleistift und fordert mich, ohne den Blick zu heben, auf Platz zu nehmen.

„Olli," sage ich sanft mit einer auf Moll gepreßten Stimme,

„Olli, mein Freund, komm, sprich dich aus. Wie kann ich dir helfen?"

„Schau dir an, was du hier angerichtet hast: Ich soll doch den Fragebogen für den Sylter Spiegel ausfüllen. Also die kommen auf Dinger, über die ich noch nie nachgedacht habe. Kurzum: Ich weiß nicht weiter." Ich lehne mich erleichtert zurück: Das ist es also – Olli tickt mal wieder an seine intellektuellen Grenzen. Alles, was über das Lösen des Kreuzworträtsels in der Super-Illu hinausgeht, verursacht bei ihm einen Gehirnkrampf.

Ich beuge mich vor und schaue auf den Zettel. „Welche Fragen machen dir Schwierigkeiten? Wozu fällt dir nichts ein?"

„Hier, die Frage, an welchem Buch ich zuletzt gescheitert bin. Das war beim Kamasutra. Da bin ich nur gut bis Seite sieben gekommen."

„Und warum hast du nicht weitergelesen? Hattest du etwa keinen Bock mehr?!?"

„Das nicht, aber mir ist gleich bei der zweiten Übung der dritte Lendenwirbel herausgesprungen und darauf mußte ich triebtechnisch eine längere Auszeit nehmen."

„Das ist ja wunderbar," freue ich mich, „dadurch beantwortet sich automatisch die Frage, worauf du am ehesten für sechs Wochen verzichten würdest: aufs Rammeln!"

„Hmm," knurrt Olli, „dann wäre ich ja der erste Sylter, der das offen zugibt."

„Und was schreibst du bei der Frage, wann du das letzte mal geweint hast?" Seine Augen werden feucht, und er schluckt: „Das war im vergangenen Herbst. Da hatte ich meinen Wagen etwas tiefer gelegt und 255er Breitreifen aufgezogen. Die Folge war, daß ich beim Autozug nicht mehr oben verladen werden konnte, sondern zwischen zwei Müllautos der Städtereingung auf den Flachwagen stand. Da sind mir vor Wut doch ein paar Tränen rausgesprungen."

„Und auf welches Geburtstagsgeschenk hättest du gerne verzichtet?" Olli pult mit dem Bleistift in seinem Ohr und meint genervt: „Mein Schwiegervater hat mir zum fünfzigsten Geburtstag „Ein weites Feld" von Günter Graß geschenkt. 700 Seiten – wer soll denn das alles lesen?!?" Ich schüttele empört den Kopf: „Hast du denn irgendwann schon mal was gelesen, das den Konsalik-Level übersteigt?"

„Oja," grient Olli, „damals, als ich noch bei der Gewerkschaftsjugend mitmachte, habe ich das 'Kapital' von Karl May gelesen." Ich staune ihn an: "Das 'Kapital' von Karl May?? Aber das ist doch von Karl Marx!!!" Olli staunt zurück: „. . .von Karl Marx?!? Und ich hab mich damals immer gewundert, daß da keine Indianern drin vorkamen. . ."

Ich sinke erschüttert in meinem Stuhl zurück und gewinne ein weiteres Mal die Erkenntnis, mir neue Freunde suchen zu müssen, da meldet sich Olli mit verärgerter Stimme: „Übrigens vermisse ich seit einiger Zeit die beste Frage hier auf dem Zettel: Wem würden Sie gerne mal eine reinsemmeln?"

„Tut mir leid, Olli, aber die Frage mußten wir rausnehmen. Kein Sylter hat es gewagt, da einmal Namen zu nennen. Das ist, so denke ich, eine Folge der militanten Friedensarbeit der Sylter Pastoren."

„Also, ich würde gerne mal diesem Rollstuhlfahrer in Bonn eine reinsemmeln. Der will ja zukünftig alle Spekulationsgewinne versteuern, mit anderen Worten: Der Mann will halb Sylt unter die Armutsgrenze drücken!" Voller Sorge registriere ich, daß Olli mit Tabubrüchen Leben in seinen Fragebogen bringen will und biege das Thema ab: „Sag mal, Olli, einen Lieblingswitz wirst du doch wohl wenigstens kennen. Den fragen die hier nämlich auch ab,"

Auf einmal leuchten seine Augen auf, das Gesicht strafft sich und sein Antlitz vermenschlicht sich: „Ja, paß mal auf, der geht so: Ein Sylter Gastronom muß eine Steuernachzahlung leisten. Er fährt zum Finanzamt nach Leck, legt das Geld, so runde 9000 Mark, auf den Tresen und sagt zu dem Beamten: 'Bitteschön, da habt ihr euer Geld. Tschüss dann bis zum nächsten mal.' Der Finanzbeamte daraufhin erstaunt: 'Moment mal – dafür bekommen sie doch noch eine Quittung!!' Der Gastronom irritiert: 'Wieso, lassen sie das Geld etwa durch die Bücher laufen?!?'"

Ziemlich schlecht geträumt

Morgens aufzuwachen, erquickt vom süßen Schlaf und aufgetaucht aus einer wolllüstigen Traumwelt mit Feen, Rauschgoldengeln und Nymphchen statt Steuerprüfern, Hooligans und Kurkartenkontrolleuren, das ist fürwahr nicht jedem gegeben. Und gerne lassen wir uns dann von solch einem glücklichen Menschen stundenlang erzählen, was in seinem mitternächtlichen Kopfkino mal wieder für oskarverdächtige Filme gelaufen sind...

Gestern, kurz nach dem Frühstück, ging ich rüber zu meinem Freund Olli. Er saß müde am Küchentisch, salopp gekleidet mit einem Feinripp-Unterhemd der Grauschleierklasse, zerbeulter Jogginghose und Aldiletten. Unrasiert und rotäugig machte er einen verheerenden Eindruck – halt wie immer. „Komm, setz dich," knurrte er und winkte mich mit 'ner halbausgelutschten Flasche Flens zu sich. Ich klapperte mir ein Bier aus der Kiste und setzte mich zu ihm auf die schmucke Eckbank aus Kunstleder. „Mensch Olli, Kumpel, du siehst ja fürchterlich aus. Erzähl, was ist los?!?"

Er grunzte gottserbärmlich, und die Tränensäcke schlafften ihm runter fast bis zur Tischkante. „Ich hab' grottenschlecht geschlafen, und übel geträumt hab' ich außerdem."

„Mensch, Olli," versuchte ich ihn aufzubauen, „so'n Traum, der zählt doch nicht. Das sind alles nur kleine, elekrische Entladungen im Gehirn, so als ob du dir im Dunkeln einen Acrylpullover übern Kopf ziehst." Ich fand, daß mir da ein ganz hübscher Vergleich gelungen war, doch Olli verschluckte sich fast an seinem Bier, schaute mich trauerumflort an und knurrte: „Du Komiker, was ich heute nacht geträumt hab, das kannst du dir überhaupt nicht vorstellen. Acrylpullover, du Eierdieb, ich glaube, ich spinne..."

Die Sache schien doch ernster als zunächst angenommen, und

darum signalisierte ich Betroffenheit, indem ich die Stirn in Falten warf, die Augen aufriß, ihm wie ein Sterbehelfer meine Hand auf den tätowierten Arm legte und flüsterte: „Komm Olli, öffne dich, laß uns reden über dein Problem."

„Meinetwegen, also," hob mein Freund an, „du kennst doch die Baustelle am Ende der Straße, wo das neue Hotel gebaut wird?" „Ja," nickte ich ihm zu, „komm, sei stark, sprich weiter!" „Nun ja, ich hab geträumt, daß das Haus fertiggestellt ist und von der Bahn übernommen wird." Ich zuckte erschrocken zusammen: „Von der Bahn AG? Mensch, Olli, das muß ja wirklich ein Alptraum gewesen sein."

„Aber original, also ich träumte, daß ich ein Badegast war und in diesem Hotel Urlaub machen sollte." Ollis linkes Augenlid zuckte nervös wie der Schließmuskel eines Goldhamsters, untrügliches Zeichen extremer, mentaler Anstrengung. „Aber du hattest doch sicher vorher reserviert – Zimmer mit Seeblick und so, oder?"

„Das wollte ich ja, aber mir war am Telefon gesagt worden, Reservierungen seien nicht möglich, da der organisatorische Aufwand zu groß sei. Ich solle mich wie alle anderen hinten anstellen." Während er sprach, pulte er gedankenverloren am Etikett der Bierflasche herum. „Und bei der Anreise hörte ich dann die ständigen Durchsagen im Radio, daß mit Wartezeiten von über einer Stunde zu rechnen sei. Ich wollte deshalb ins Hotel-Restaurant, wo mich das Mitropa-Team angeblich gerne erwartete, aber die hatten schon geschlossen, weil sie in einer Stunde Feierabend hätten."

„Und weshalb hast du nicht im Foyer gewartet, bis du dran gewesen wärest." „Ach, das war sehr ungemütlich, denn die Überdachung war noch nicht fertig. Das war alles noch Baustelle. Außerdem stockte die Abfertigung am Counter für drei Stunden, weil der Zentralrechner abgestürzt war."

Ich litt mit Olli, dessen Augenlid immer schneller zuckte: „Aber deines Gepäcks hattest du dich schon vorher entledigen können?!?" „Hatte ich versucht" entgegnete Olli und rang mit den Tränen, „aber sie gaben mir eine zwölfstellige Telefonnummer. Da sollte ich anrufen und einen Abholtermin vereinbaren. Doch gleich darauf gaben sie per Lautsprecher bekannt, daß das Kartentelefon auf Etage sieben leider defekt sei. Und mein Handy funktionierte nicht, weil die Fensterscheiben des Hotels zum Schutz vor Sonneneinstrahlung metallbedampft waren."

Die traumatischen Erinnerungen marterten Olli inzwischen derart heftig, daß er vom Herumpulen an den Bieretiketten zum Zerbröseln der den Küchentisch schmückenden Trockenblumen gewechselt war. Dabei seufzte er so herzerweichend, daß seine Atemluft den Wandkalender bis September aufraschelte.

„Und als ich dann mal zum Pinkeln verschwinden wollte, stellte ich fest, daß sämtliche Toiletten abgesperrt waren. Nach einer halbstündigen Suche fand ich dann im vierten Stock ein intaktes Klo. Allerdings gebürenpflichtig. Daraufhin sprang ich in den Aufzug, um runter ins Foyer zu fahren, wo ich mein Geld vergessen hatte. Doch zwischen dem dritten und zweiten Stock blieb ich eine geschlagene Stunde stecken – Signalstörung. Als ich dann endlich unten ankam, war mein Gepäck weg. Ein junger, smarter Typ von der Bahnpolizei erklärte mit lapidar, daß man gerade zwei Koffer, auf die meine Beschreibung zutraf, in der Kiesgrube Munkmarsch gesprengt hätte – die modernste Methode der Bombenalarmprävention."

Kaum war das letzte Wort gesprochen, wurde Freund Olli von den Erinnerungen an diese bombige Traumnacht gepackt und heftigst durchgeschüttelt. Ich ploppte ihm ein frisches Flaschbier auf, massierte seine verspannte Nackenmuskulatur und machte ihm den Guru: „Und jetzt denkt deine verstörte Seele, daß diese Ereignisse nicht nur geträumt, sondern wahr sind, stimmt's? Ruf doch einfach mal bei der Bahn an und frag, ob heute nacht dergleichen geschehen ist!"

Olli schniefte, plierte mich mit seinen Saufaugen an und knurrte gefährlich leise: „Das versuche ich ja schon seit zwei Stunden, du Klugscheißer! Aber da geht wie üblich mal wieder keiner ran. . ."

124

Aufschlußreiche Omnibus-Studie

Seitdem sich die Besitzverhältnisse bei den Sylter Verkehrsbetrieben geändert haben, ist mächtig Schwung in den Laden gekommen. Kürzlich hat die neue Führungscrew sogar ein Gutachten bei der Barschel-Engholm-Hochschule in Lübeck in Auftrag gegeben. Hintergrund: Die Busfahrpläne sollen voll auf die Bedürfnisse der verschiedensten Inselgemeinden abgestimmt werden. Denn was sich ein hergelaufener Urlauber auf Anhieb überhaupt nicht vorstellen kann, ist Tatsache: Der Hörnumer ist ungleich dem Morsumer, zwischen einem Keitumer und einem Wenningstedter liegen rein charakterlich Unterschiede wie zwischen einem Chilenen und einem Chinesen...

Es wird höchste Zeit, uns und unseren Gästen den Facettenreichtum und die Unterschiedlichkeiten der Sylter Bevölkerung zu erläutern. Da gibt es, und das haben versierte Ethnologen im SVG-Auftrag herausgefunden, erstaunliche Eigentümlichkeiten, die sich speziell beim Benutzen der Sylter Omnibuslinien zeigen. Und ganz besonders interessant wurde es für die ausgeschwärmten Forscher, wenn sie einen Sylter beobachteten, der just seinen Bus verpaßt hat.

Der Keitumer zum Beispiel, der nur noch die Schlußlichter seines Linienbusses sieht, überlegt sofort und angestrengt, wie er nun die Wartezeit am besten totschlägt. Die Möglichkeit eines Kneipenbesuches läßt sich fatalerweise nicht umsetzen, da er sich entweder ein Lokalverbot eingehandelt hat oder aber Berge unbezahlter Bierdeckel auf ihn lauern. Also trollt er sich zur Amtsverwaltung, um den Dorfklatsch voranzutreiben und die zahlreichen Mitarbeiter vom erholsamen Büroschlaf abzuhalten. Doch dort wird er sofort genötigt, das Volksbegehren für einen Neubau der Verwaltung einschließlich Personal-Schwimmbad, Sauna und Höherstufung für alle Angestellten zu unterschreiben. Den Rest der Wartezeit nutzt der Keitumer für einen überraschenden Besuch bei der Denkmalspflegerin Traute Meyer. Dort wird er wortreich genötigt, gegen einen Neubau der Amtsverwaltung einschließlich Personalschwimmbad etcetera zu stimmen. Nachdem der nun schon sichtlich geschwächte Keitumer sich mit einer beträchtlichen Geldspende für die neue Keitumer Orgel freigekauft hat, eilt er zur Bushaltestelle, um abermals den Rücklichtern hinterherzuwinken.

Ganz anders der Rantumer. Wenn er den Bus nach Westerland verpaßt, verzagt er nicht, sondern geht zu seinem Kurdirektor und läßt sich dort zwei blaue Müllsäcke aushändigen. Damit betreibt er gewissenhaft Strand- und Dorfreinigung. Dann trinkt noch schnell drei, vier Flaschen „Sylter Quelle", um den Wirtschaftsstandort Rantum zu sicher, fährt ein paar Mal mit dem neuen Fahrstuhl im Kurhaus rauf und runter und eilt dann fröhlich zurück zur Bushaltestelle.

Der Hörnumer wiederum, als Bewohner der Inselrandlage routinierter Omnibusbenutzer, verpaßt nie einen Bus, weil er von vornherein eine Stunde Wartezeit einplant. Und wenn er es mal eilig hat, dann schwimmt er nach Westerland und ist, wen wundert's, noch vor dem Bus da.

Die Morsumer haben im Zuge der Nachforschungen steif und fest behauptet, daß sie gar nicht ans Sylter Verkehrsnetz angeschlossen sind. Auf den Hinweis, daß gerade ein Bus durch das Dorf getuckert sei, wurde seitens eingeborener Morsumer die atemberaubende These aufgestellt, daß das sicher nur ein Schienenersatzverkehr der Bahn AG gewesen ist. Das machten die immer so bei Weichenstörung oder Schienenbruch zwischen Morsum und Keitum.

Ein ganz besonderer Genuß ist es, mit Lister Einwohnern eine Omnibusfahrt vom hohen Norden nach Westerland mitzumachen. Besonders der Bereich zwischen Sonnenland und Kampen ist für die Crash-Kids aus unserer ehemaligen dänischen Kolonie extrem erinnerungsträchtig: „. . .und hier links, da ist Fiete mit seinem Toyota über die Heide gegangen, und da vorne, da hat letzten November Jan Petersen mit seinem Benz den Verteilerkasten um zwölf Meter versetzt – und in Klappholttal war drei Tage alles zappenduster. Da drüben, da kannst du noch die Bremsspuren sehen, da wollte Berthold einen dänischen Kieslaster überholen – nächste Woche wird er aus dem Krankenhaus entlassen. Und jetzt gleich links – da kommt die Stelle, wo Jochen mit seiner Harley ins Reet gebrettert ist, weil Werner ihn mit seiner Horex ausgebremst hat." Die Straße zwischen List und Kampen: eine Orgie von Blut, Benzin und Gummiabrieb.

Auch in Kampen erfuhren die Feldforscher Erstaunliches: Auf die Frage, wie sie denn wohl nach Westerland kämen, meinten zwei hochbetagte Kampener, daß sie sich zu diesem Zwecke der bewährten Inselbahn bedienten. Auf die Entgegnung, daß die Inselbahn seit 1970 eingestellt sei, erwiderten die Kampener Urgesteine: „So'n wunnerlichen Kram. Davon habe ich noch gar nix gemerkt, denn ich bin vor 30 Jahren das letzte Mal nach Westerland reingefahren."

Die Wenningstedter sind die einzigen Sylter mit einer eigenen Omnibuslinie. Jedes Jahr zur Meerkabarettsaison baggert ein Abendbus die Norddörfler zum Abkaspern ins Zelt. Erik Mannstedt, einziger Bürgermeister Deutschlands, der von einer mitregierenden Splitterpartei gestellt wird, erwägt nach diesem Erfolg den Bau einer U-Bahn, um die Wartezeiten an den Ampeln zu reduzieren.

Ein ganz begeisterter Omnibusnutzer ist der Munkmarscher. Er versteht es aber auch wie kein Zweiter, komplizierteste Fahrpläne zu dechriffieren: „Von Munkmarsch über Morsum nach Westerland: Werktäglich außer von Montag bis Freitag. Fällt der Sonntag jedoch auf einen Donnerstag, dann fährt der Bus in der folgenden Woche nur an ungeraden Tagen. In allen Monaten ohne ‚r' dürfen keine Muscheln im Bus verzehrt werden."

Verpaßt ein Munkmarscher trotz dieser präzisen Hinweise einmal den Bus, dann verzagt er nicht. Er geht wieder nach Hause, schreibt sich an der Fernuniversität Hagen ein, studiert Agrarwissenschaft und Ägypthologie, promoviert, reicht seine Frührente ein und geht wieder zur Haltestelle, um den nächsten Bus nach Nirgendwo zu nehmen. . .

Streit in Schilda

Egal, ob Bürgermeister, ob Kurdirektor oder Repräsentant der Bädergemeinschaft – wer auf Sylt ein Amt bekleidet, der ist gefordert. Der muß stets abkömmlich sein oder wenigstens telefonisch erreichbar. Zu diesem Zwecke wurde dann ja auch das Handy erfunden. Außerdem müssen die Funktionäre über ein hohes Maß an Innovationskraft sowie über einen stets sprühenden Ideenreichtum verfügen, der nicht selten die Grenzen hin zur Genialität sprengt. Trotzdem sehen sich diese selbstlos wirkenden Wesen permanenter Kritik ausgesetzt. Kaum jemand auf der Insel ist willens, ihre überragenden Leistungen zu würdigen. Damit muß endlich Schluß sein – hören wir zum Beweis ihrer Größe doch mal rein in eine der konstruktiven Debatten um die Lebensinteressen Sylts...

Peter Schnittgard (uneingeschränkter Herrscher über alle Schlickpackungen östlich der Autoverladerampe): „Leute, wir müssen Flagge zeigen. Die Bürger draußen im Lande erwarten das von uns. Ich denke, wir sollten beschließen, die anreisenden Gäste am Westerländer Bahnhof mit einem Willkommens-Schild herzlich zu begrüßen. Zur Enthüllung des Schildes trommeln wir dann Journalisten aus ganz Deutschland zusammen."

Peter Douven (Westerländer Tourismusdirektor – ärmer als eine Kirchenmaus, hat sein Büro schon als Ferienappartement vermietet und arbeitet seitdem in einem Schließfach am Bahnhof): „Tolle Idee, nur – wer soll den Prunk bezahlen?!?"

Ilka Bauerochse (Vorturnerin in Bad Hörnum, dem Tor zur Halligwelt): „Vielleicht gibt's dafür Landeszuschüsse. Wenn wir das Ding zum Forschungsprojekt umdeklarieren, könnten wir bei der Simonis in Kiel bestimmt irgendeinen Etat plündern."

Dr. Jörg Steinhardt (soll Kampen touristisch ins 21. Jahrhundert katapultieren): „. . .?!?. . ." (. . .kommt nicht zu Wort, weil Klaus Koehn, Kampener Spitzenpolitiker mit dem Spitznamen Häuptling Silberzunge, schneller ist): „Sorry, an dem Schild können wir uns nicht beteiligen. Womöglich werden wir deswegen von einer Klientel überflutet, die mit Kampen monetär sowie äußerlich inkompatibel ist."

Jörg Hinrichsen (Wenningstedts Vize, ausgestattet mit der Figur einer Tetrapode und der Schlitzohrigkeit eines kaukasischen Gebrauchtwagenhändlers, zieht ein Bündel Bares aus der Tasche): „Kein Problem, das wuppen wir. Wie hoch ist unser Anteil? Wenningstedt zahlt cash Kralle."

Ulli Wilke (Kurhausabwickler an der Lister Packeisgrenze): „Wenn schon ein Schild, dann aber auch mit spanischer Beschriftung. Unseren Anteil zahlen wir in Peseten – ole´." Zum besseren Verständnis sei angefügt, daß Wilke nach dem letzten Open-air-Konzert von Montserrat Caballe´ adoptiert worden sein soll.

Alf Ludwigsen (immer wenn er die Bezeichnung „Westerland" hört, kriegt er 'nen dicken Hals): „Wir sind dafür, wenn folgende Bedingungen erfüllt werden: 1. Das Schild wird am Ortseingang Rantum aufgestellt. 2. Es enthält einen deutlichen Hinweis aufs Rantumer Mineralwasser. 3. Für das Aufstellen des Schildes ziehen wir von allen Sylter Gemeinden eine Pacht ein."

Peter Douven (muß am Ende dieser Veranstaltung noch die Pfandflaschen wegbringen, um endlich die Novembergehälter seiner Mitarbeiter auszahlen zu können): „Wir müssen heute zu einem Beschluß kommen, damit wir das Schild zum Saisonbeginn 1999 aufstellen können."

Dr.Jörg Steinhardt (dürfte ausnahmsweise das Wort ergreifen, weil Klaus Koehn sich gerade durch den Bayern-Kurier wühlt, um zu überprüfen, ob seine Leserbriefe veröffentlicht worden sind): „. . . .?!?. . . .."

Jörg Hinrichsen (durch das Stahlbad Aufbruch Ost gegangen und mit allen Brachlandschaften Mitteleuropas vertraut): „Das ist echt ein Problem. Das wuppt ihr Westerländer nie. Übrigens – hat jemand einen Stadtplan dabei? Ich habe gestern mein Auto im Bermudadreieck hinter dem Bahnhof geparkt und finde es nicht wieder."

Klaus Koehn (sein Handy klingelt aufgeregt): „. . .ja, was . . .wirklich..?..!..Wahnsinn . . . ich glaub's nicht . . . ja gut . . . danke und tschüss." Häuptling Silberzunge plustert sich auf, räuspert sich vernehmlich und verkündet gespreizt: „Meine Herren, gnä' Frau, ich erfahre gerade aus Frankfurt, daß die Rantumer eine feindliche Übernahme der Kurverwaltung Westerland planen. Alfred, was hast du dazu zu sagen?"

Alf Ludwigsen (der *Cromme* von Rantum): „Na gut, jetzt ist es raus. Ja, wir planen, den Tourismus-Service Westerland zu übernehmen und abzuwickeln. Wir brauchen die Sylter Welle als Zwischenlager für unser überschüssiges Mineralwasser. Das Kurmittelhaus veräußern wir an eine Hotelkette, um mit den Überschüssen unser eigenes Sole-Bewegungsbad-Kurmittelhaus zu finanzieren."

Jörg Hinrichsen (sein stahlblauer Blick trifft den Rantumer Sprudelpapst ins Mark): „Tschüssikowski, Rantum, damit geht ihr dann aber über die Wupper."

Ilka Bauerochse (wenns gegen Westerland geht, hält der Inselsüden zusammen): „Tolle Idee. Wir beteiligen uns mit 50% unserer verfügbaren Mittel – Alf, soll ich dir die 80 Mark gleich geben?"

Klaus Koehn (hebelt sich routiniert die dritte Sylt-Quelle auf): „Respekt, Alfred, eine interessante Idee. Ich schicke dir mal meinen Chauffeur . . .äh, meinen Kurdirektor vorbei, damit der das erstmal nachrechnet."

Dr. Steinhardt zuckt bei diesen Worten zunächst zusammen, will dann offensichtlich protestieren, flüchtet sich am Ende aber in bierdeckelstapelnde Resignation: „. . .?!?. . ."

Peter Douven (kommt gerade vom Bahnhof zurück, wo er seinen Schließfachmietvertrag um weitere 24 Stunden verlängert hat): „Die Sylter Kunstfreunde haben angeboten, die Gestaltung des Schildes zu übernehmen. Sie haben schon diverse Entwürfe eingereicht. Mein Personalrat, der Magistrat, die untere Naturschutzbehörde und der Landesdenkmalspfleger diskutieren bereits. Bis es soweit ist, Schnitti, kannst du vorläufig die anreisenden Gäste per Handschlag begrüßen."

Peter Schnittgard (die neuesten Gästezahlen vor sich liegend, reagiert er sarkastisch): „Mit Vergnügen – und was soll ich nachmittags machen. . ..?!?"

Sylter Wetterwonnen

Der Erfolg und die Qualität des Urlaubs hängen unmittelbar von der richtigen Wahl des Urlaubsmonats ab. Da nicht alle Deutschen im Schuldienst tätig sind und quasi ständig Blau machen können, sondern die meisten einer qualifizierten Tätigkeit nachgehen, ist der erholsame Urlaub überlebensnotwendig. Glücklich ist, wer keine Kinder mehr an den Hacken hat, denn er ist Herr über sein Handeln und kann seine Auszeit frei wählen...

Wer Anfang Mai auf Sylt Urlaub macht, wird wohl nur selten das Problem bekommen, daß ihm Hitzepickel das Gesicht entstellen. Auch die Gefahr eines Sonnenbrandes ist eher gering. Häufig anzutreffen sind jedoch immer wieder Syltfans, die noch nicht geschnallt haben, daß die Insel in Sicht- und Rufweite des Polarkreises liegt. Man sieht sie beim Gosch herumstehen, heavily underdressed mit Seidenhemd, Barbourmantel und dünnsohligen italienischen Slippern. Vor Kälte zitternd, rütteln sie sich die Kohlensäure aus ihrem Champagner. Mineralwasser wird in der Jahreszeit von der Außengastronomie ohne Eis serviert, denn das bildet sich aufgrund der üblichen Lufttemperaturen sofort und von ganz alleine.

Doch wir wollen uns nicht beklagen: Für Sylter Verhältnisse ist das Maiwetter noch top. An den Abenden der Tage, an denen die Temperaturen völlig unerwartet auf über Null Grad hochschnellen, werden überall auf der Insel Dankgottesdienste abgehalten.

Denn im April – drei Wochen zuvor – sieht das auf Sylt noch ganz anders aus: Jedes Auto morgens ein Iglu, jeder Sylter ein Reinhold Messner und jede Sylterin ein Fräulein Smilla, Packeis am Weststrand und draußen am Horizont ziehen die Eisberge Richtung Süden. In diesem Jahr wollten die alle zur Titanic-Ausstellung nach Hamburg.

In der Friedrichstraße ist Schneetreiben an der Tagesordnung, Hundeschlittenrennen im Rantumer Becken und der Hindenburgdamm dicht – wegen Schneeverwehungen. Die Bundeswehr muß Lebensmittelpakete mit Champagner, Kaviar und Grünkohl für die darbende Bevölkerung abwerfen. Und auch Ostern sind wir noch im Würgegriff der polaren Tiefdruckgebiete. Doch was kümmert's unsere Cabriofahrer. Monatelang haben sie ihrem Saisonbeginn entgegengefiebert. Nun ist endlich Frühling – also auf das Dach und ab die Post. Draußen so schlapp vier Grad (plus oder minus, das ist dann auch schon egal!) – am Himmel nur Schnee-Eulen und Eisvögel. Unser Held sitzt am Steuer seines neuen Zweisitzers und pröttelt gemütlich nach List. Die Sitzheizung arbeitet auf Hochtouren, so daß in der über dem Auto entstehenden Thermik Segelflieger kreisend Höhe gewinnen. Trotzdem, der Atem gefriert, die Augenbrauen vereisen. Die weibliche Begleitung sitzt neben ihm, sie bebt voll heißer Wut und stillem Haß: „Ich habe mich für ihn liften lassen, ich renne mit ihm jedes Wochenende über den Golfplatz, um diesen elenden, weißen Ball zu dreschen, beim Skilaufen in St. Moritz habe ich mir den Meniskus zerfasert und beim Hochseesegeln die Seele aus dem Leib gekotzt. Als er letztes Jahr diesen Tick mit dem Motorradfahren bekam, habe ich mir eine Reizblase und eine Bindehautentzündung eingehandelt. Und jetzt sitze ich hier in diesem Kinderspielzeug von Auto und friere mir die Ohren ab. Irgendwann reicht's!"

Aber kaum ist dann – irgendwann im Juli – wirklich Sommer und Temperaturen wie in der Blockhaus-Sauna legen sich über die Insel, dann wird auch wieder gejammert – nur halt anders. Denn schon früh am Morgen um 10 Uhr beim Brötchenholen knallt die Sonne erbarmungslos vom azurblauen Himmel. Nach dem Brunch schleppt man sich genervt zum Strand und arbeitet die Zeit als lebendes Grillfleisch ab. Abkühlung im Meer ist nicht möglich, weil durch eine anhaltende Ostwindlage alles total verquallt und veralgt ist. Der Sunblocker stinkt nach Moschus und ist pastig wie Gips. Beim Auftragen hast du das Gefühl, die nehmen dir die Totenmaske ab. Die Kinder quengeln und nach drei Flaschen lauwarmen Bieres hast du das Gefühl, daß gleich der Kopf platzt.

Auf der gesamten Insel jagen die Krankenwagen hin und her, um Kollapsopfer einzusammeln und zur Reanimation in die Klinik zu verfrachten. Sogar die Sylt-Quelle produziert auf Teufel komm 'raus, um das Verdursten der Menschheit zu verhindern. Abends sitzen die Gemarterten dann im Schatten der Markisen, saugen sich gierig das kühle Weißbier rein und hecheln erschöpft der unruhigen Nacht entgegen – ein triebfreies Leichtschlaferlebnis mit Körperrotation unter dem gleichmäßigen „Schrapp-schrapp-schrapp" des gnadenspendenden Ventilators. Und Glück hat, wer dann von novembrigen Strandwanderungen bei erquickenden Nordwestwinden träumt.

Doch kaum hat man sich daran gewöhnt – so Ende August – kaum ist man mit seinem bronzefarbenen Teint dem eigenen Schönheitideal recht nahe gekommen, kaum hat sich mediterrane Lässigkeit auf der Insel breit gemacht – ein jeder ist gut drauf und sitzt am Strand bis zum Sonnenuntergang, schaut dem heiteren Spiel der Schweinswale zu und fragt sich und die anderen, warum das Leben nicht immer so schön sein kann – da braut sich bei Island mal wieder was zusammen. Wolkengebirge türmen sich auf, und der erste Frühherbststurm bricht los. Die Radfahrer fahren rückwärts, und die Bäume lassen entsetzt ihre Blätter los. Die Inselfeuerwehren bergen die Strandkörbe, Hutträger ohne Hut rennen in der Friedrichstraße ihren Hüten hinterher und die Menschen schauen mal wieder geknautscht in den Himmel und meinen resigniert: „Schade – das war's dann ja wohl, mit dem Sommer."

TV Freies Sylt: Die nackte Wahrheit!

Es reicht nicht, im Freizeitparadies Deutschland ganz oben als Wurmfortsatz herumzuhängen und auf der Wetterkarte als Ankerplatz sämtlicher Nordmeertiefs Berühmtheit zu erlangen. Denn wenn Sylt im Unterbewußtsein der Deutschen als Düne im Windschatten Grönlands abgespeichert ist, hat die Werbung versagt, und wir haben ein Imageproblem. Aber das kann man ändern: Sylt muß wieder Medienthema Nr. 1 werden. Und zwar im absoluten Topmedium, dem Fernsehen. Weil, was im Fernsehen gesendet wird, gilt als die Wahrheit. Beweis: Es wurde im Fernsehen gesendet!

Irgendwie ist das ja schon drollig: Vor zwanzig Jahren, als wir nur drei Fernsehprogramme hatten, gab es immer Zoff in der Familie, weil man sich auf keinen Sender einigen konnte. Heute können wir zwischen mehr als drei Dutzend Kanälen wählen – und was geschieht? Wir zappen von 1 bis 36 und retour, um danach gefrustet abzuschalten! Überall die gleiche Wichse und jeden Tag dasselbe.

Doch bald ist Schluß mit dieser vielfältigen Einfalt. Ein neuer Sender geht demnächst an den Start: TV Freies Sylt. Faszinierende Bilder rund um die Uhr. Einige Beispiele: Seit kurzem ist als erster Schritt in diese mediale Zukunft am Wilhelminen-Brunnen im Herzen des Inselmolochs eine Kamera installiert. So können unsere Ordnungshüter im Police-Departement am Kirchenweg, wenn sie mal wieder Langeweile haben, direkt zum Brennpunkt von Renitenz und Aufsässigkeit schalten. Die neuesten Infos aus der Alk-, Drogen- und Punkszene kommen auf diese Weise digital und farbig ins Haus. Mit dem Joystick kann man ranzoomen, rüberschwenken oder in die Totale gehen. Und wenn Spielregeln oder gar Gesetze verletzt werden, sind die Unparteiischen schnell zur

Stelle (. . .lalülala!!), zeigen den bösen Buben die rote Karte oder hauen ihnen einen Elfmeter rein. Bingo!!

Klar, daß man mit so einem prickelnden Programm richtig Quote und Kohle machen kann. Mit dem Vermieten von Werbeflächen im Schwenkbereich der Kamera und raffiniertem Product-Placement (Dosenbier, Hundefutter, Schwarzer Krauser) könnte ordentlich Schotter reingeholt und das ewig schlaffe Stadtsäckel wieder prall und rund werden. Ab und an mal eine kleine Keilerei oder eine Razzia, und man hätte Einschaltquoten wie früher Kulenkampff am Samstagabend.

Auch wir Sylter, als Komparsen kameraerfahren wie kein zweiter Volksstamm in Deutschland, flanieren täglich zwei- bis dreimal über den Platz, mit laszivem Gang, die Gucci-Jacke lässig über die Schultern gehängt und mit intellektuell verquältem Blick auf die vor sich hinmuffelnde, bunthaarige Kifferszene. Vielleicht werden wir von einem wachsamen Talentspäher entdeckt und bekommen endlich mal eine Rolle mit Text.

Nein, mit permanenter Bildschirmpräsenz dürfen nicht nur die Paradiesvögel am Wilhelminen-Brunnen geadelt werden. Der Wunsch danach ist auf der Insel allgegenwärtig. Trüffelschweinen gleich hechelt hier ein jeder jedem Kamerarotlicht hinterher, immer getrieben von der Hoffnung, fürs Fernsehen entdeckt und somit von schändlich entgoltener Lohnarbeit befreit zu werden. Aus diesem Grunde ist es im Rahmen der Sylter Qualitätsoffensive erforderlich, an diversen gesellschaftlichen Brennpunkten weitere Kameras zu installieren. Über jene segensreichen Decoderboxen, die unser Leben in Zukunft verschönern werden, kann dieses High-Society-Spartenprogramm in jedes deutsche Wohnzimmer gepumpt werden. Und, wie wir aus Erfahrung wissen, steigt die Einschaltquote um so höher, je unterirdischer die Qualität ist.

Durch Liveschaltungen in die Saunalandschaft der Sylter Welle oder an den Fkk-Strand „Oase zur Sonne" könnten wir die geile Bande draußen im Lande ausplündern, daß die Pay-TV-Kasse nur so klingelt. Übertragungen aus der Spielbank würden auch im Finanzamt Leck interessieren, wo manch ein Sachbearbeiter staunen dürfte, wenn seine angeblich klamme Klientel dort die dicken Bündel verzockt.

Die „Tatort"- Reihe der ARD muß sich auf dramatische Zuschauereinbußen gefaßt machen, wenn „TV Freies Sylt" an einem sommerlichen Sonntagabend vom Westerländer Zentralstrand aus sendet und 22jährige Beach-Workerinnen dabei beobachtet, wie sie sich abmühen, 120 alkoholisierte Chaoten zum Völkerballspielen zu überreden.

Absoluter Quotenknaller werden auch die Live-Übertragungen aus der Notaufnahme der Nordseeklinik. Ständig schleift man Autofahrer ins Bild, um ihnen vor den Augen eines Millionenpublikums Führerscheine, Geld und Blut abzuzapfen. Einen Raum weiter werden die Crash-Kids der High-Budget-Gäste, die mit Papas Porsche gegen einen Friesenwall gedonnert sind, notdürftig zusammengetackert, damit sie am nächsten Tag am Golf-Benefiz-Turnier teilnehmen können.

Und mit versteckter Kamera könnten wir ferner dokumentieren, daß auf Sylt die Geschicke Deutschlands bestimmt werden: Rudolf Augstein besucht Wolfgang Schäuble in Braderup, wo die beiden Spitzbuben die Richtlinien der Politik für die nächsten Jahre ausbaldowern.

Unsere im Gogärtchen installierte Kamera zeigt bei einem Schwenk durch den Raum Fernsehproduzent Fritz Schlüter, Karl Dall und Rolf Seiche. Das tutige Trio segnet gerade eine weitere Staffel der „Sylter Geschichten" ab. Nachdem sie mit den bisher ausgestrahlten Machwerken überraschenderweise keinen Goldenen Löwen gewinnen konnten, wollen sie zumindest auf der nach unten offenen Peinlichkeitsskala zweistellige Werte erreichen.

Einfach phantastisch, dieses Sylter Reality-Fernsehen. Wir sind immer und überall dabei. Schnell noch ins Rathaus gezappt, wenn sich alle Fraktionen und der Magistrat um die Patenschaft für das dritte Kind der Bürgermeisterin prügeln. Für die Staffel „Pleiten, Pech und Pannen" sehen wir einen Beitrag aus dem Bauamt, wo gerade beschlossen wird, die restlichen Westerländer Straßen für den Autoverkehr zu sperren und eine Parkraumbewirtschaftung auf dem Autozug einzuführen.

Die Einspeisung von „TV Freies Sylt" in die bundesdeutsche Fernsehbelästigung wird das Tor zu einer schöneren Zukunft aufstoßen. Nicht nur für wenige Wochen im Jahr, sondern Tag für Tag können die Inselliebhaber allüberall das ebenso abwechslungsreiche wie mondäne Syltleben geniessen. Und sie müssen deswegen nicht einmal herkommen! Züge und Straßen werden nicht mehr verstopft und das uns zustehende Geld saugen wir uns über die Decoderboxen auf unsere stets notleidenden Konten...

Manfred Degen, der Sylt-Satiriker, im Spiegel der Presse . . .

»FREIE REPUBLIK SYLT *ist für den Insulaner ein Wegweiser zur Selbsterkenntnis. Unerläßlich für den vorausschauenden Urlauber, der sich rechtzeitig mit den sprachlichen Besonderheiten und den Alltags- und Festtagsritualen der Sylter vertraut machen will.*«
SYLTER SPIEGEL, DEZ. '91

»*Fröhlicher Blödsinn, der scharfe Blick auf den Alltag, eine große Portion Menschenkenntnis, Detailgenauigkeit und eine lockere Schreibe kennzeichnen den Autor... grelle Glosse, liebevoll spöttelnde Charakterisierung und nachdenkliche Zwischenrufe prägen die Kapitel...*«
LÜNEBURGER LANDESZEITUNG

»*...sorgt auf der Insel für helle Aufregung... der absolute Bestseller... Realsatire und Klamauk, manchmal um die Ecke gedacht und manchmal ganz direkt...*«
NDR 1

»*Freche Denkanstöße, temperamentvolle, verbale Auseinandersetzung und Freude am Absurden... sprachlich läuft Degen hier zur Hochform auf...*«
SYLTER RUNDSCHAU

»*...die Autonomie scheint die Lösung für viele Probleme zu sein. Vorbei wäre dann die ewige Bettelei. Die 'Freie Republik Sylt', ein Staat, der endlich kommen muß...*«
SAT 1

»*Insel-Scheibner in voller Fahrt... Alle bekamen ihr Fett weg, Politiker aller Couleurs, die Festländer, die Gäste und natürlich die Sylter selbst...*«
NIEBÜLLER TAGEBLATT

»*...unterhielt sein Publikum mit deftigem Witz, trockener Satire und feinsinnig-hintergründigen Monologen... die Besucher unterhielten sich köstlich*«
GOSLARSCHE ZEITUNG

... und als Kabarettist
auf der Bühne

Degens Stärke sind seine Ausstrahlung, seine Präsenz und vor allem sein Thema: Sylt!

... das Zelt begann zu kochen, die Rotationsgeschwindigkeit der Decken-propeller mußte erhöht werden, um die Begeisterung auf ein erträgliches Maß herunterzufächeln. 5-Sterne-Amüsement, Prädikat köstlich.

... jetzt knallte jede Pointe, der Künstler hatte seine Zuschauer im Griff - einem Schoßkind der Götter gelingt halt alles ...

SYLTER SPIEGEL JULI 96

... vor dem Westerländer Kursaal blühte der Schwarzmarkt: 29 ausver-kaufte Veranstaltungen in Folge - das gab es auf Sylt noch nie.

SYLTER RUNDSCHAU SEPT. 96

Der Originalton:

Im Frühjahr 1993 trat Manfred Degen mit seinen sogenannten Klamauk-Lesungen das erste Mal auf. Schon bald entstand daraus ein veritables, kabarettistisches Voll-programm mit amüsanten Spielszenen, das schnell zum »Renner der Saison« avancierte. Mehrfach war der Wester-länder Kursaal ausverkauft, und Kar-ten wurden schwarz gehandelt.

Die Sylter und die Gäste lachen gleichermaßen über die verquere Dar-stellung eines Sylter Paares, und der Saal bebt, wenn Degen die Anreise des Sylturlaubers beschreibt.

Gnadenlos bekommen alle einen Streifschuß ab: Die Sylter Gastronomie, das Schicki-Micki-Gehabe der Neu-reichen, die Kurkarten-Kontrolleure, die Bundesbahn, die Kurgäste und die Medien... Ein Live-Auftritt des Sylt-Satirikers wurde in der urigen Keitumer Tenne mitgeschnitten:

Humor, Satire und Klamauk in der Keitumer Tenne
60 Minuten mit dem Sylt-Satiriker Manfred Degen
Toncassette 17,– DM
+ 3,- DM Versandpauschale

Seite 1:
Der Tagesablauf der Sylter
Bei den Prominenten im Bistro
Gründung der Freien Republik
Die Macht auf Sylt wird neu verteilt
Mit der Bahn von Hamburg auf die Insel
Hurra, wir bekommen Besuch

Seite 2:
Mike ruft an...
Die Sylter und die Berufstätigkeit
Bei der Autoverladung
Kalli Schmitz und die Fahrt nach Sylt
Ein Sylter Schalterbeamter berichtet
Es wird Herbst...
Helmut macht 'nen Diavortrag

Hier können Sie bestellen:

Der Sylt-Versand
Postfach 1252
25963 Westerland /Sylt
Telefon und Fax: 04651/296 36
...und in den
Sylter Musik-Fachgeschäften

Der Live-Auftritt:

»Appartement frei« heißt das aktuelle Kabarett-Programm von Manfred Degen. Regelmäßig tritt er damit während der Saison in den Kursälen von Wenningstedt und Westerland auf, ein Pflichtprogramm für alle Satireliebhaber und kulturbeflissene Gäste. Ratsam ist es, sich rechtzeitig Karten zu besorgen, will man nicht Gefahr laufen, draußen vor der Tür zu bleiben...

Höhepunkt jeder Saison ist Degens Abend im »Meerkabarett« in Westerland, dem achtwöchigen Feuerwerk der besten deutschen Kabarettisten, zu dem Manfred Degen als Lokalmatador eingeladen wird. Die Veranstaltungen in einem großen Zirkuszelt haben ein ganz besonderes Flair und sind aus dem Sylter Sommer inzwischen nicht mehr wegzudenken.

Der dritte Band:

Der Satireband »Sylt, der Letzte knipst den Leuchtturm aus« ist der erfolgreiche Vorläufer des vorliegenden vierten Bandes.
Dort hat Degen festgezurrt, was in Büros, Betten und Bistros der Insel an warmer Luft hin- und hergeschoben wird. Entsetzensgepflasterte Schilderungen seiner Appartementvermieterei, abstrusen Survivalurlaubs im Westerländer Straßendschungel und so manch ein Blick in die Zukunft dieses Goldstaub-Eilandes öffnen dem Leser die Augen.

Und nun der heiße Tip:

Sie möchten ein Buch mit einer persönlichen Widmung? Dann fügen Sie den Namen und ggf. den Anlaß Ihrer Bestellung bei. Die Bücher oder die Ton-Cassette – eine originelle Widmung ist Ihnen sicher.

Hier können Sie bestellen:

Der Sylt-Versand

Postfach 1252 · 25963 Westerland/Sylt · Telefon und Fax: 0 46 51/2 96 36